怪談忌中録
煙仏

下駄華緒

竹書房怪談文庫

まえがき

下駄華緒と申します。この変わった呼び名は大好きな手塚治虫先生の漫画に出てくる人物の名前と、自分もよく下駄を履いているのでそこからついたものです。

僕は音楽バンドをずっとやっていて、そこからバーの店長、火葬場職員になり、葬儀屋に転職しました。その後、バンドではメジャーデビューもしました。

現在は淡路島に移住して、動画配信などをして生きています。

怪談をやることになったきっかけは、バンドつながりで仲が良かった松原タニシくんです。火葬場におったんやから怪談あるやろ、と言われてのことでした。

確かに、人が人としてこの世に存在する最後の場所。

そんな場所で仕事をしている間に「あれ、なんやったんやろ?」みたいなことはよくあったんです。また、人からも不思議な話を聞く機会はよくありました。

この一冊は、火葬場職員から葬儀屋時代の、不可思議だったなと思うこと含めて、人から聞いた奇妙な話など、二〇二〇年三月から竹書房公式note「Takeshobo Books」で連載していた「下駄華緒の弔い人奇譚」の文章を大幅に加筆修正したものに加え、未発表の話を多数書き下ろしました。


「霊」という言葉は、とても不思議だなと思うんです。

なぜなら、その実体が本当に存在するかどうかもわからないのに、世界各国に同じか、近い意味合いの単語が存在しています。

「霊」というのは、人類共通の認識とも言えるのかもしれない。もちろん人それぞれに、その存在を感じたり興味を持つ理由はあると思います。

僕が「霊」の存在を求める理由は「あれ、なんやったんやろ？」みたいなことに出会ったり聞いたりすると――。

「もしかして何か伝えたいことがあるのではないか？」

「言いたいことがあるのだったら聞いてあげたい」

そう思ってしまうからです。

これは、火葬場はじめ葬祭業に身を置いていたからこその考え方かもしれません。もし「霊」が存在するのであれば、故人の想いをなんとか汲み取ってあげたい。故人が満たせなかったことや果たせなかったこと、そんなことを「ちょっとすみませんが――」と伝えてくれたらいいのにと切に思う。

ちょっと冗談めかして書きましたが、実は葬祭業に従事する人たちは「霊」の存在を肯定的に捉える人間は案外と多いのです。

僕も含め「あれ、なんやったんやろ?」という経験をすることが少なからずあるからでしょう。

多くの心霊現象は偶然の重なりによって引き起こされる、勘違いという面もあるのかもしれません。でも、偶然による勘違いとするにはあまりにも「なんらかの意思」を感じてしまうことも。

みなさんにも、そういった故人の声が届くきっかけになると何よりです。

目次

しりとり

火葬場で働き始めて数ヶ月経った頃。ようやく仕事にも慣れ、ある程度の業務を一人でこなせるようになった。そして、僕にとって初めての出来事が起こった。

それは子どもの火葬だ。

その日、初めて子どもの遺体の入った棺を目にした。

お坊さんの読経が響く中、泣き崩れる遺族の目線の先には男の子の遺影がある。

おそらくジャングルジムだろうか、てっぺんで男の子が元気そうにピースをしている。

その場の哀しさと対局な明るいその笑顔、それが悲惨さを物語っていた。

火葬とお骨上げは滞りなく終了し、遺族は憔悴の中、帰っていかれた。

そして、その日の火葬業務がすべて終了したのだった。

僕のいた職場では、ローテーションで「当番」が決められる。ここでいう「当番」とは、いわゆる「戸締まり当番」のことだ。

「当番」は職員が全員帰宅した後、一人残って火葬場の点検と戸締りをする。

その日の当番は僕だった。

まずは照明を落としていく。懐中電灯を片手に一人、コツ……コツ……と火葬場を歩き回るのだ。

そして火葬炉前のホールに入る。ホールには頑丈な鉄扉が二つあり、その両方が炉裏――実際に遺体を火葬するところへ続いている。

ホールの左側の鉄扉を開け、炉裏に入ると同時にその扉の鍵を閉める。そして、ズラーッと並ぶ火葬用バーナーを一つ一つ点検する。

このバーナーにはいわゆるガスの元栓のような安全装置がつけられていて、それがしっかりと閉まっているかどうか確認をするためだ。

バーナーの点検がすべて終わり、そのまま反対側の鉄扉からもう一度ホールへ出た。

先ほどとは逆のホールの右側の鉄扉だ。そしてその鉄扉の鍵も閉めホールの出入り口から出て帰宅しようとしたその時——バタン！　と大きな音が響き渡った。

え？　と思い、音のした方へ小走りで向かうと、おそらく音の正体は最初に入った方の鉄扉だった。

おそるおそる扉のノブに手をかけ、開けようとしてみるとビクリともしない。

そう、さっき鍵を閉めたのだから当然だ。

不審に思いながらも、もう一度ホールから出ようとしたその時。

カタン……

と、反対側の鉄扉からまた音がした。炉裏に人が？　と一瞬考えたがそんなはずはない。なぜなら先ほど炉裏はすべて点検したからだ。

普通ならここで恐怖を感じるであろう。

だがこの時は不思議なことに、まったく恐怖を感じなかった。

(ああ、今日の子どもか)

なぜかそう思わずにはいられなかったのだ。

そしてそう思うと、可哀そうだなという気持ちに満たされて、

「ごめんな、先帰るよ」

恥ずかしながら、誰もいないホールの空間に向かって一言呟き、ホールを出ると施錠して自宅へと帰った。

そして晩御飯を食べて風呂に入り、今日はなぜかとても疲れたので早めに床についた。明日も朝から出勤なのだから寝ないといけない――。


疲れていたはずなのに、布団に入ってもどうも寝付きが悪い。ウトウトし続けること何時間が経ったのだろうか。突然、ビシッと体が動かなくなった。

(あ、金縛りだ……)

そう思った矢先、足元の暗闇がぼわっと形作られる。目は動くので「え?」と思っていると、小さな男の子が立っている。

ジャングルジムのてっぺんでピースをしていた、赤いトレーナーを着ている――昼間に火葬をした、あの男の子だ。

遺影には写っていなかったが、茶色いハーフパンツを穿いていた。

ああ、こんな服装だったんだ、となぜか冷静にその男の子を見つめていた。

「ねえ、遊ぼう」

男の子が話しかけてくる。

「いいよ」

僕は答えた。

それから自然に、どちらからともなく男の子とのしりとりが始まった。

「ゴリラ」「ラッパ」「パンダ」「ダチョウ」……

僕にはまだ、五歳の男の子でもわかるような単語を出してあげられるほど、余裕があった。

そう、不思議なことにまったく怖くなかったのだ。

暗闇の中、足元に立っている男の子とのしりとりが続く。それは突然起こった。

「ク……ク……」

自分の番になり単語を言おうとするのだが、急に声が出なくなったのだ。

あれ？　おかしいな、と思いつつ声を出そうとするが、やはり出ない。

「ク……ク……」

男の子が僕に問いかけてくる、

「ねえ、なんて言ってるの？」

「ちょっと待ってね」

それは伝えられる。

「ク……ク……」

不思議と単語だけが声に出せない。するとまた男の子が問いかけてくる。

「ねえ、なんて言ってるの？」

さっきより声が近い。

え？　と思うと、男の子の顔が足元から胸元辺りまで近づいてきていた。身体は足元にあるままで、だ。

その時に初めて「怖い！」と恐怖を感じた。

さっきまでの冷静な気持ちが嘘のように、体中が凍りつくような恐怖だ。

なんとかこのしりとりを終わらせないと、と思い、必死で単語を叫ぼうとするが、や

はり声が出ない。息も苦しくなり、体中から汗がにじみ出た頃、

「ねえ、なんて言ってるの？」

また男の子が問いかけてきた。その声はさらに近い。

そう、もはや自分の眼前に男の子の顔が迫っていた。

「うわあああ！」

あまりの怖さにしりとりのことを忘れて叫ぶと、金縛りがパッと解けて急に現実世界に引き戻された。

上半身をガバッと起こし、時計を見ると午前四時。息も絶え絶えになり、全身は汗でぐっしょり濡れていた。

もう一度寝ようと思ったが恐怖で眠れるはずもなく、そのまままんじりともせず朝を迎え、出勤することになった。


職場に出勤して早々、昨日のあの男の子のことが気になり、調べてみた。

男の子の死因は交通事故死だった。それを知り、全身に鳥肌が立つと同時にとても哀

しい気持ちになった。

僕が昨晩、しりとりで言えなかった単語は「クルマ」だったのだ。

もしかすると男の子は、その単語を聞きたくなかったのかもしれない。自分が死んでしまう原因となった「クルマ」のことを。

逆に、あの時もし僕がその単語を言っていたとすれば——一体どうなっていたのであろうか。

ジャリ……

火葬場は人を焼く場所である。だからこそ、清潔感は非常に重要な事柄だ。亡くなった大切な故人が、掃除もできていない火葬場で火葬されるなんて、考えるだけでも悲しくなるではないか。

だからこそ掃除は毎日、念を入れておこなっていた。

その中でも悩みの種は火葬炉前ホールの掃除だ。この広いホールは遺族が最後に火葬炉に入っていく故人を見送る場所であり、お骨上げをする場所でもある。

ホールの床は、綺麗に研磨された白い大理石だった。この白さが仇となって、掃除の時に小さな骨の欠片《かけら》が全然見えないのだ。

お骨上げが終わって遺族が帰った後、大きなモップで床全体を拭くことにはじまり、最終的に小さな箒《ほうき》などさまざまな道具を使って床を掃除する。そして次の遺族のお骨上げの受け入れ態勢を整えるのだ。

だが、どんなに細かく掃除をしたとしても、確認のためにホール内を歩くと〈ジャリ、ジャリ……〉と音がすることがある。

この音の正体は、もちろん小さな骨の破片だ。

これは本当に、どうしようもないことだった。どれだけ丁寧に掃除をしたとしても小さな破片は必ず残ってしまい〈ジャリ、ジャリ……〉という音がする。

火葬場職員として働き始めてからしばらく、この音が気になって仕方がなく、悩んでいた時期もあった。

そしてその間、妙な体験もしていた。


とある休日のこと。

近くのショッピングモールで買い物をしている時だった。

ジャリ、ジャリ……

聞き慣れた音が足元からする。

あれ？　と思って靴の裏を見ても、特に何もない。

食事をしようとファミリーレストランに入り、案内された席へと店内を歩く。

ジャリ、ジャリ……

またも足元で、何か小さなものを踏みつけた音がする。しかし当然そんな音がするはずがない。レストランの床は絨毯なのだから。

そういったことがしょっちゅうあり、おそらく、あまりに気にしすぎていたことで幻覚や幻聴が聞こえているんだろうと自分に言い聞かせて日々を過ごしていた。

今ではもう音を聞くことはなくなったが、それでも年に数回、ふとした時に、
ジャリ、ジャリ……

またあの音がする。

もしかしたら、ずっと何かが憑いてきているのかもしれない。

腐敗臭

人間のさまざまな記憶の中でも、においはとても強く残ると何かで聞いたことがある。子どもの頃に感じた草木のにおい、素敵な恋人がつけていた香水のにおい。何年経ってもふとした時に、そのにおいによって記憶が呼び戻される。

そして、火葬場で働いていた時の記憶に強烈に残っているにおい——それは腐敗臭である。

腐敗臭はどんなにおいですか？　とよく聞かれる。個人的な感想で申し上げるならば、単純に肉の腐ったにおい、動物のようなにおい、そして糞尿のにおい、それに加えてなんと説明したらいいかわからない「ツン」としたにおいが組み合わさったような感じだ。もちろん、人によりこのにおいに対しての感想はさまざまだと思う。

ある日のこと、休日の昼間に街に買い物に出かけた時だった。

夏の本番前だったが思っていたより暑く、額が汗ばむほどだったが、カラッとした清々しい気候の頃だった。

Tシャツにズボンというラフな格好で、人混みをかき分けて歩いていると、ふと感じたにおいが自分の中の記憶に結び付き、歩いていた足をピタッと止めさせた。

腐敗臭――それは自分にとってある意味、嗅ぎ慣れたにおいだった。

こんな場所で？

そう思って、においの元を辿ろうとあたりを見回した。

あれ？　あの人――。

路上生活者であろう初老の男性が、道端の地面に仰向けに横になっているので近寄ってみる。

今日のような陽気には違和感のあるような分厚い毛布で、顔の半分まで覆って眠っているようだった。が、においの元はこの人であることは間違いなかったので、一声かけてみることにした。

「大丈夫ですか？」

そう問いかけると、閉じていた目がゆっくりと開きこちらを見つめた。

そのにおいから「もしや亡くなって――」と思っていたので意外だった。

「あ、いえ」

すぐさま会釈をするとその場を立ち去った。

寝てたのか、悪いことをしたかな、と少し反省しつつも、あのにおいが確実にしていたので一体どういうことだろうと不思議な思いだった。


そして次の日の夕方頃、たまたま同じ道を通った。

すると同じ場所で、初老の男性が昨日と同じように、毛布を被って横になっている。

昨日と違うのは、においがさらに強烈になっていたことだった。

これはさすがにと思い、昨日同様「大丈夫ですか？」と声をかけた。

まったく反応が無い。見た目からして、すでに亡くなっているのがわかった。

然るべきところに対応のお願いの電話をし、孤独に亡くなったあの初老の男性のことを考えながら帰路についた。

家に着いて玄関のドアを開けた瞬間、部屋の奥からまるで何かの塊《かたまり》のようにブワッ！　と腐敗臭が襲ってきた。

うっと思いのけぞったが、そのにおいの塊は僕の体を通過し、外へと抜けていった。

幽霊というものを完全に信じているわけではないのだが、なんとなく「ああ、あの初老の男性が挨拶にきたのかな」と気持ちを整理することにした。


だが、この件については一つだけどうしても腑に落ちないことがある。

それは初日に、あの初老の男性に声をかけた時のことである。

今思い返しても、やはりあのにおいは完全に腐敗臭であった。

そして「大丈夫ですか？」と声をかけた時、確かにあの初老の男性は目を開いてこっちを見つめた。

あの時にはすでに亡くなっていたのではと思うのだが、そう考えると少し怖くなる。

人が焼けるとどんなにおい？

においというのは記憶にとても印象が残るようで、道端で寝ているホームレスの人の前を横切った時でも「あ、もう亡くなってるかも」とわかったことがありました。遺体のにおいを覚えているからです。

くさい、という言い方は不謹慎かもしれませんが揺るぎない事実ですのであえて申し上げますが、くさいのはなかなか辛いものがあります。

火葬場でよく遭遇するくさい場面は火葬中に起こります。デレキという細長い鉄の棒で火葬中の遺体の姿勢を整える際に、お腹周りを触った後はとてもくさいです。ここまでは想像に容易《たやす》いかもしれませんが意外に一番強烈なのは、脳です。

実は、検死されたご遺体（事件や死因を調べるため）で、頭蓋骨をパックリと切り取られている場合があります。もちろん、検死の後に蓋をかぶせるように頭蓋骨を戻すのですが火葬中に結構カパッと外れることがあります。

そんな時、触るつもりはなくてもちょっと脳にデレキが当たってしまうこともあります（二メートル近い鉄の棒ですからね）。そのちょっとだけでも、一旦デレキを外に出すととんでもないにおいが襲ってきます。

働くこちらとしては、それがわかっているので、もしデレキに脳が少しでもついてしまったら轟々《ごうごう》と吹き出す炎の中にデレキの脳が当たった場所を突っ込み、鉄が真っ赤になるまで加熱してにおいを抑えようと試みます。

真っ赤になってもう大丈夫と思いデレキを取り出すと、努力の甲斐も虚しく、やはりとんでもないにおいが襲ってきます。某サスペンス映画で、かの有名な殺人鬼の博士が人間の脳味噌をフライパンで炒めて食べるというシーンがありましたが「とんでもない」というのが素直な感想です。

逆に良いにおいもあります。メロンや果物を棺に一緒に副葬品として納めた場合、火葬が終わって骨になってもほんのりフルーツの良い香りがします。

さらに、良いかどうかわかりませんが、先程お腹周りと脳はくさいと申しましたがそれ以外の部分に関しては正直、鳥のささみを焼いたような……想像すると気持ち悪いのですが、ある意味、良いにおいがします。

良いと言っていいのかわかりませんが……。

ネズミのおっちゃん

　とある火葬場で「ネズミのおっちゃん」と呼ばれる、ちょっと有名な火葬場職員がいた。その方はベテラン職員で年齢は六十代。

　他の職員からも信頼を得ているという人だった。

　仮にAさんとしよう。だがそのAさんには一つだけ問題があった。

　その呼び名に関する奇妙な言動のことである。


「休憩所にネズミが出た！」

　ある日、Aさんが言った。

　火葬場にネズミが出るなんてとんでもないことだし、今後のことを考えても放置はできないということで、職員総出で休憩所をくまなく探した。

しかしどれだけ探してもネズミは見つからなかった。

「Aさん、ネズミいないですよ?」

他の職員たちが口々に言うが「絶対にいた」と、頑《かたく》なにAさんは自分の意見を譲らなかった。

これが数年前の出来事だったのだが、それから月に一度くらいの頻度で「ネズミが出た!」とAさんが騒ぐようになった。

それがいつしか「ネズミのおっちゃん」の名で噂になって、他の地域の火葬場にまでその存在が知られるようになったのだった。

「ネズミのおっちゃん」ことAさんの働いている火葬場の職員Bさんと僕は知り合いで、定期的に会って飲んだりする仲だった。
Bさんは Aさんのことを信頼しており尊敬もしているのだが「月に一回のネズミ騒動には困ったもんだ」といつもぼやいていた。

一年ほど経ったある日のこと。

「私ね、多分あの人の法則がわかった」

Bさんが言い出した。

「え？　法則があったの？　どういう法則ですか？」

Bさんにいつも聞かされるAさんの行動を僕も面白がっていたので、とても興味をそそられた。

「いや、実はね、Aさんが『ネズミが出た！』って騒ぐ日は、必ず死産の赤ちゃんの火葬をした時なんだよ。Aさんは基本、焼き場担当だからさ、ずっと焼き場にいるんだけど」

焼き場から休憩室に戻ってきたAさんが「ネズミが出た！」と騒ぐ時、その前の現場のご遺体は死産の赤ちゃんなのだという。そして、Aさんは丸めた雑誌や新聞紙を片手に床を叩きまわるのだ。一緒にいた職員も「ネズミ」を探すのだけれど、その姿は見えない。

でもAさんは「ほらほら！」と言いながら、何もない床を追い回すのだ。

「どれだけ探したって、ネズミは見つからないし。もしかするとだよ――考えただけでもゾッとするんだけどさ、あの人の言っているネズミってもしかして……」

もし、その法則が本当なのであれば、Aさんの言っているネズミというのはAさんの幻想なのか。またはAさんが火葬した赤ちゃん――この世のものではないのか。

黒い小さなナニかが休憩所の中をパタパタと走り回っている――そんな場面を思い浮かべると、さすがに面白がる気にはなれなくなってしまった。

煙仏

火葬場が気を付けなければならないことの一つに「ご遺体を焼く時に、煙を出さない」というのがある。

なぜかというと、このように想像していただきたい。

もし火葬場の煙突から真っ黒な煙がモクモクと出ていたとして、あなたはその近くのマンションに住んでいる。そしてベランダで洗濯したての洗濯物を干しているところにその黒煙が迫ってきたら……。

当然、火葬場に苦情の電話が入ることは容易に想像できることだろう。

また黒煙ほどではなくとも、煙が出ているだけでやはり印象が良くないということで、火葬場から出る煙には細心の注意を払って業務をおこなっているのである。

だが、人というのは当然、様々な個性がある。人は個性・体質を持って生まれてくるのである。それは亡くなってからも同じだ。

同じように火葬をしても、人それぞれ個性・体質があるので常に同じように燃えるわけではない。

煙が出やすい人、出にくい人というのが確実に存在する。

僕の経験上、体の脂肪が多い人ほど煙が出やすい印象だ。もちろんそうとも限らないご遺体もあるのだが――。

脂肪が多いと、遺体が「自燃《じねん》」といって自らがものすごい勢いで燃えるのだ。そこにさらにバーナーの火を当てると、燃えすぎてしまう状態になる。そうなると、炉内の酸素が足りなくなる、いわゆる酸欠状態となって不完全燃焼を起こし、黒煙が出るのだ。

煙の出やすいご遺体を、職員たちは敬意を込めて「煙仏《けむりぼとけ》さん」と呼んでいた。

ある日、こんなことがあった。

「ちょっと来てくれ！」

火葬場職員歴十五年のベテランの技士が、僕も含めて職員四名が休憩していた休憩室にやってきた。

全員で炉裏（実際に火葬をおこなう場所）に行くと、

「ものすごい勢いで燃え続ける煙仏さんだ、どうしようもない」

焼きの担当が慌てていた。

確認のため実際に小窓を開けて覗いてみると、確かにご遺体自身がものすごい勢いで自燃している。外に出て煙突を見ると、今まで見たことのないような大量の黒煙が、恐ろしいほどの勢いで出ている。

これは大変だということで、煙を抑えるための様々なことが行われる。煙をなるべく出さないようにするには、まず火の勢いを弱くするのが基本だ。

黒煙というのは炉内で不完全燃焼がおこる、即ち酸素不足になって起こることなので火の勢いを弱くし、酸素の減少を抑えるのだ。それでも煙が止まらない場合は火そのものを一度消すこともある。

しかし、何をどうやってもなかなか煙がおさまらない。焼きの職員に訊くと、遺体は小柄な老婆で、前述した煙が出やすそうな脂肪の多いご遺体ではなかったそうなのだが、この自燃の状態はちょっと異常ともいえる。

ついに、火葬場に苦情の電話が来てしまった。

その電話対応に一人を行かせ、残りの職員たちで「煙仏さん」を宥《なだ》めるべく試行錯誤していると、次は遠くの方から「ウーウー」とけたたましいサイレンの音が聞こえてきた。それは消防車だった。

近隣住民の方が、ここが火葬場であることをわかっている上であえて苦情のつもりで消防車を呼ぶ、ということもたまにあるのだ。

消防車が到着したのでざわつく遺族の方々に「大丈夫です、ご心配おかけしております。火事ではございません」と説明し、消防士の方への説明に回り、また黒煙をおさえるための対応に迫られるという、とんでもなくドタバタしたことがあった。

どうして小柄な老女のご遺体なのに、あんな「煙仏さん」だったのかはいまだにわからないけれど、遺族たちが「生前もあれだけ親族に迷惑かけまくっていたのに、最期の最期まで本当に迷惑な人」と話しているのを聞いたと、職員の一人が言っていた。

もしかして、亡くなったその方と遺族たちに何かトラブルがあって、最後の嫌がらせだったのかもしれない。

でも、僕は個人的にはこの煙が好きだった。なんとなく亡くなった故人さんがふわふわと気持ちよく天国に向かっているようで——。

そんなドタバタした現場でも心の中では小さく「いってらっしゃい」と呟いていた。

見える人

火葬場を含め葬祭業に従事する皆さんの中で「見える」という方々は案外多い。

そんな「見える」という人で、同じ火葬場に勤務していた二回り以上年上の大先輩、Mさんがいた。

「ああ、あそこにいるなあ」

Mさんはしょっちゅうそんなことを言っていたが「もう、怖いんでやめてくださいよ」と怖がる僕を見て楽しんでいるようだった。

そんな雰囲気なので、Mさんの「見える」という発言に対しては冗談のようにしか感じていなかった。

「〇〇家様〜お骨上げの準備が整いました」

その日、お骨上げを担当していた僕は、いつものようにご遺族を誘導してホールへと入った。

滞りなく進み、お骨上げも中盤に差し掛かった頃だろうか。ふと顔を上げてみると、遺族の後ろの方にMさんが立ち、難しい顔をして僕を見ていた。

「あれ？　いつもなら休憩所にいるのにな」と思いつつ、特に気にせずお骨上げを続けていた。

しばらくしてふと横に気配を感じて見ると、いつの間にか僕のすぐそばにMさんがいる。やはり恐い顔をしていた。

え？　と思い小声で「どうしました？」と訊くと「いやいや、どんな様子かと思って」という。新人ならまだしも働き始めて二年が経つ頃だったので、いまさら監督が必要とは思えないし、ミスもしていないはずだ。

変だなと思いつつも「そうですか」と答えて仕事に戻った。

無事にすべてが終了し、ご遺族も帰られた後——。

Mさんが急にこう言った。

「いやあ、びっくりしたよ」

あまりの大声にびっくりして、僕は訊き返した。

「え？　何がですか？」

Mさんは、

「お骨上げが始まってからずっと、亡くなった故人さんではない、遺族さんたちの誰かのものでもない、ましてこの火葬場にもまったく関係のないナニかが、ずっと君の頭をかじっていたんだよ」

「え？　なんですか、それ」

「わかんないんだけどね。ホールに入る君の頭をかじっているから、心配になって見に来たんだよ」

お骨上げが終わって遺族が帰るとともに、そのナニかは離れて行ってくれたそうなのだが……。自分は見えなくて本当によかったなと心の底から思った一件だった。

骨が…増えてるッ!?

「のど仏」は火葬場職員になると必ずといっていいほど重要視する骨の一部です。

みなさんも聞いたことがあるかもしれませんが、仏様が座って合掌しているように見えることからのど仏と言われています。

喉にある、ゴクリと飲み込むと動くのど仏……のことではありません。あれは軟骨で、火葬すると残りません。じゃあ、どこかというと第二頸椎《けいつい》、首の骨の上から二番目の骨になります。それこそが火葬場で見る、のど仏です。


こういう話ができるように、火葬場職員の時はよく骨の勉強をしていました。

例えば、人間の骨って全部で何本あるかご存知ですか?

実は、約二百と言われています。「約?」と思われたかもしれませんが、本当にそうなんです。骨の数は人によってまちまちで、もしかするとあなたの隣にいる人と、あなた自身の骨の数は違うかもしれません。

火葬場で、骨をめぐるトラブルはつきものです。以前、こんなことがありました。

「母親は全部入れ歯だったのに、歯が残ってる！　これは別人だ！」と遺族の男性が職員に詰め寄る事件が起こりました。

みなさんはどう思われますか？　全部入れ歯なのに歯が残っている……本当に別人かもと思いましたか？

これは、親知らずが残っていたパターンです。全部入れ歯だと思われていたようですが、奥の方にある親知らずだけ、抜けずに生えていたんですね。それが焼け残ったのです。


自身の体験した件では、火葬後に遺族とともにお骨上げをする時に、足の指（甲）の骨が左右合わせて四十本くらいありました。いやいや、そんなはずはないと思いつつも確かにあるんですよ。ですがよく見るとちょっと形が違うのもあるぞ……。

葬儀屋さんに確認すると「あ、すみません。故人がお好きだったということで、棺の中にフライドチキンを沢山入れました」と。

こういうのは先に言っといてほしいですね…！

仲良しの理由

「幽霊と仲良くなる」などと聞いたことはあるだろうか。

僕もさまざまな怪談話を聞いてきたのだが、幽霊と仲良くなったという話は聞いたことがない。

とある京都のライブハウスの店長から聞いた話なのだが、そのライブハウスによく出演するバンドのドラマー・Fさんの体験談だ。

Fさんにはお付き合いしている女性がいて、彼女がいわゆる「見える」というタイプの人だったそうだ。

対してFさんは普段から幽霊なんか見たこともないし、感じたこともないので特に信じてもいない。でも彼女のことを否定する気もなく、心霊系の話をされても「そうなんだ」と適当に相槌を打っていた。

だが付き合ってからしばらくして、Fさんに変化が見られる。

どうもこの世のものではないような、人の形をしてはいるのだがおそらく生きてはいない——いわゆる「幽霊」を見るようになった、というのだ。

最初は気のせいかな？　というくらいのものだったが、日が経つにつれどんどんと鮮明に見えるようになっていく。

やがて、外を歩いていると、街の中で自分の周りにいるのが「人」なのか「幽霊」なのか、区別がつかないほど鮮明に見えるようになったのだという。

ある夜、Fさんがアルバイトを終えて、一人暮らしのワンルームに帰った時のこと。

玄関のドアを開けて部屋の照明を点けた瞬間、Fさんはぎょっとした。

ワンルームの真ん中、人の生首がスーッと浮いている。

Fさんは咄嗟《とっさ》に「気づかれてはいけない」と直感した。

その生首は中年の男性で、どうもFさんの様子をうかがっているように見える。

そんな気がしたのでFさんは、自分が見えていることに気づかれないよう、生首を無視していた。

その夜から、生首はワンルームの空中に浮かび続けていた。

Fさんは見ないようにして、気づかないふりをしていた。

何日か経ち、生首がFさんに話しかけてくるようになった。

「おい」「今何してるんだ」「なあ」「おい」「何してるんだよ」――

夜、部屋に帰ると生首は、Fさんに他愛もない質問を常に浴びせてくる。それでもFさんはその中年の男性の生首を無視し続けた。

バイトやバンド活動で忙しかったが、生首が部屋にいる生活が三ヶ月も続いた。

ある夜。プライベートでトラブルがあったFさんは、腸《はらわた》が煮えくり返るような思いで自宅に戻った。ドアをバーンと荒々しく扱い、自分の部屋に入るやいなや携帯電話を放り投げて深い溜め息をついた。

そんなFさんの気持ちを汲むことなく、生首がいつものように話しかけてきた。

「なあ」「見えてるだろ」「なあ」「おい」「どうしたんだよ」――

腹が立っていたFさんは思わず、生首に向かって叫んだ。

「うるさい！」

しまった、とその瞬間思ったのだが、時すでに遅し。Fさんが見えていることが生首にばれてしまった。

だがここで意外な展開になる。Fさん曰く、なんとその日から生首と仲良くなったというのだ。

例えば、帰宅したFさんに生首が「おかえり」と言い、Fさんが「ただいま」と答える。生首が「今何してるんだ」と訊き、Fさんは「テレビを見てる」と答える。奇妙なコミュニケーションが取れるようになったが、Fさんも特に悪い気はしなかったという。

そしてそれからさらに数ヶ月が経ったある夜のこと。

自宅に戻ったFさんは、いつものようにテレビをつけ、部屋の真ん中に座り、おもむろに携帯を弄っていた。

「なあ、相談があるんだけど」

生首がおもむろに訊いてきた。

Fさんは「あれ？」と思った。

今まで生首とコミュニケーションを取ってきたが、「相談」と言われたのは初めてだ。

興味を持ったFさんは答えた。

「相談って何？」

すると生首の顔が急に凄みを帯びた。そして——

「そろそろ——体をくれ」

Fさんは、生首を初めて見た時の「気づかれてはいけない」という直感をはっと思い出した。

この生首はずっと俺の体を狙っていたのだ。

それに気づいた途端、Fさんは耐え難い恐怖に襲われた。一目散に部屋を飛び出すと、そのまま実家に避難したそうだ。

そしてその道の人に相談し、お祓いをしてもらうことになった。お祓い後、生首はFさんの家から姿を消したという。

現在は、Fさんは付き合っていた彼女とはすでに別れており、そうするとFさんも次第に幽霊が見えなくなっていったそうだ。Fさんが人ならぬものが見えるようになったのが彼女のせいなのか、また、生首が一体なぜFさんの部屋に居座ったのかなどはわからない。

しかし、幽霊が人を欺く、というなんとも後味の悪い話である。

大学の裏山

すべての心霊スポットの情報が網羅されているわけではない。まだまだ知られていない心霊スポットは日本中、いや世界中に無数にあるのだ。

そしてそういう場所に肝試しをしに行くというのも、若い時分にはよくある。

これは九州の大学に行っていたIさんの話だ。

今から十年前である。

大学生であったIさんは、同じ大学の同級生五人で、夏休みのある夜、大学の裏にある山へ肝試しに行くことを計画していた。夜中に山道を散策するのである。

Iさんを含む五人は全員男で、体力的にも精神的にも血気盛んな時期である。

前日から降っていた雨は決行当日の夜中には霧雨になった。そこまで苦ではなかったが、地面がぬかるんでいて、大変歩きにくかったという。

大学の裏山には、子供の泣き声が夜中に聞こえるとか、自殺した女の幽霊が立っているなど、何の根拠があるのかわからない噂はあった。

五人はそれぞれ懐中電灯を持って山に入り、幾度となく分かれる山道の中で一番道らしい道を、どんどん奥へと進んでいった。

すると途中、見上げるほどの大きな鳥居を発見した。

「なんでこんなところに鳥居が?」

誰かがそう言ったが、確かに全員同じ気持ちだった。

「とりあえず先に行こうぜ」

五人でその鳥居をくぐった。その瞬間、ブワッと向かい風が五人を襲う。

なぜこのタイミングにそんな風が? 違和感を覚えて、全員が顔を見合わせた。

しかし誰も引き返そうとも言わず、さらに道を進んでいった。

Iさんから少し離れた前方に三人、そしてIさんのすぐ後ろにはKさんがついてきていた。十分か十五分ほどの距離を歩いていたところ、Kさんが後ろから急に怯えた声で話しかけてきた。

「なあ、やばいって」

Ｉさんはそれを聞いたが、Ｋさんが怖がりなことは知っていたので、聞こえないふりをして前の三人に続いて進んでいった。再びＫさんが言う。

「なあ、ほんとにやばいって！　足跡！　足跡！」

Ｉさんは声を聞きながら考えた。確かに昨日からの雨で地面がぬかるんでおり、自分たちの足跡がたくさん残っている。

Ｋさんがそういうことを言いたいんだろうと思い「もういいって、黙ってろ」と窘めた。

だがＫさんは小声ながらも必死に、Ｉさんに訴えかけてくる。

「マジだって！　足跡！　足跡を見ろよ！」

「なんだよ……」と呟きながら立ち止まったＩさんは振り向き、Ｋさんが指さす足跡を見た。そして、ぎょっとした。

ぬかるみに残る自分たちの足跡に、いや、その後をついてくるように、裸足の足跡が混じっているのである。

Iさんは一瞬固まったが、Kさんに向かって「とりあえず前の三人に合流しよう」と言い、二人で急いだ。その頃には前方の三人とはずいぶん離れていたからだ。

小走りで追いついた時、三人の足は止まっていた。

目の前には少し開けた広場のような場所があった。そしてその広場の真ん中には、何かを祀ってあるのか、人間の背丈ほどの小さな祠がポツンと建っていた。

「これ……なんだろう」

誰かがそう呟いた。

「ああああ」

瞬間、Iさんの耳元で女性の声がした。

うわっ！　と少しのけぞり、横にいたKさんを見ると、Kさんの身にも何かあったらしくIさんに助けを求めるような目で見つめていた。

Iさんは「Kも聞こえたんだな」と直感的に思った。

これはもうここにいてはいけない。そう思ったIさんは、前にいた三人に「帰ろう」

と声をかけようとしたところ、一人が震える声を上げた。

「聞こえたよな?」

その場にいた全員が無言でうなずくと、すぐさま逃げるように下山したそうだ。

女性の「ああああ……」という声が、それぞれの耳元で聞こえたということは、あとでみんなと話してわかったことである。

しかし、この話はこれで終わりではない。

Iさんを含む五人は、次の日にもう一度その場所に向かうことにしたのだ。

とはいえ、今度行くのは昼間である。

「あの時全員、あれは一体なんだったんだろうかと興味があって――」

Iさん曰く、当時のことをそう振り返る。

昼間だからか、昨夜のような怖さは感じられず、五人はどんどん裏山の奥に進んでいった。そして、大きな鳥居のところにたどり着いた。

その鳥居をくぐったのだが、昨夜のような奇妙な向かい風は吹いてこなかった。

さらに進むと広場に着き、祠が昨夜と同じようにたたずんでいた。

それを見た瞬間、五人とも「やっぱり俺たちここに来たんだな」と実感したという。

だが昨夜のような怪異は何も起きない。あれは夢か幻だったのかなどと言っていると一人が「あれはなんだ?」と指差した。

昨夜は暗闇の中で気がつかなかったが、祠の向こうの奥の方に何やら大きな石碑があるようだ。みんなでその石碑に近づいてみた。

「昭和×年　この場所で水害が起き、×××人の命が失われた」

書いてある内容はそういうことだった。

つまり、この場所は過去に起きた悲惨な水害を祀る、慰霊の地であったのだ。

「知らなかったとはいえ、軽い気持ちでそういう場所に踏み込んでしまい、申し訳なかったなと思いました」

そう、当時の気持ちを語ってくれた。

乗っ取り

郊外にある、とある団体職員の古い宿舎の話である。

当時三十代半ばだったHさんは、同僚のTさんとともにその宿舎に仕事の都合で泊まっていた。

Hさんはもともと幽霊や化け物の類は一切信じていなかったが、Tさんは怖がりで、しかも「この宿舎には幽霊が出るらしい」と少し怯えていた。

そんなものはただの迷信だろうと思っていたHさんは「気にするなよ」とTさんをなだめ、布団に横になりながら晩酌をしていた。広めの座敷に布団を並べて敷いているのだ。

いつの間にか眠っていたHさんは、物音に気がついて目が覚めた。

どうやら横に寝ているTさんの方から、バタバタと畳を叩くような音がするのである。なんだ？　と思って顔を上げた瞬間、目の前に飛び込んできたのは、それこそ時代劇で見るような簡素な鎧を着た侍の姿であった。

Hさんの足元にその侍は立っていた。しかも、その侍の顔に見覚えがある。とても悲しそうな顔をしているのだが、その顔は間違いなくTさんだった。

「ええ？」とHさんは一瞬呆然とするが、隣でバタバタと音を立てているTさんに慌てて目をやった。

布団をかぶっていてもわかるほどに、Tさんの体は寝ながら手足をバタバタと激しく動かしている。まるで何かを拒絶しているような様子だ。

そして布団から出ているその顔は、怒りに満ちた鬼の形相をした見知らぬ男のものだった。

落ち武者のように髪を振り乱している。

「おい！　T！　T！」

思わず叫んだ。ふと空気が変わり、目の前には汗まみれになったTさんが目を開け、

Hさんを呆然と見ていた。

Tさん曰く、内容は覚えていないが悪夢を見ていたという。

幽霊や化け物の類を信じていないHさんなので「こんなことがあってたまるか!」という思いと、実際に目の前で変なことがあった怖さから、翌朝、その宿舎の管理人に挑戦的にこう聞いた。

「ここは幽霊が出るっていう噂があるらしいんだけど、落ち武者でも出るのかね!」

管理人は、

「ああ、よく知ってるね。すぐそこの川が昔、首洗い場だったんだよ」

昨夜、首が入れ替わってしまったTさんと落ち武者のことを思い返し、首洗い場がそばにあったという繋がりを知ってHさんはゾッとした。

あの落ち武者はTさんの身体を乗っ取ろうとしたのだろうか? いや、すでに頭部が入れ替わって見えたがどうなのだろう。

それ以来、少し霊的なものを信じる心が生まれたという。

遺骨整理

亡くなった方の遺骨の多くは、遺族が引き取ることになる。

当然といえば当然だ。

だが、必ずしも全ての遺骨が引き取られるとは限らない。

引き取り手のない遺骨も、これまた当然にある。そしてそういった遺骨は、火葬場で一定期間預かることになる。

預かることを「斎場保管」と呼んでいた。

斎場保管の遺骨の数は勤めていた火葬場では、約三百人ほどの遺骨が小さな手のひらサイズの骨壷に納められ、安置室に保管されていた。

その安置室には、事務所用のような無機質な大きなガラス棚が何台もあり、骨壷に納められた遺骨が整理整頓され並べられている。その一つ一つに名前と年齢、そして番号が振り分けられていた。

番号は基本的には、火葬場に来た順に1・2・3と振り分けられる。だが、火葬場で預かっている間に引き取り手が見つかったりすると、例えば番号が1・2・5・10と歯抜け状態になる。

そうなると、番号を若い順にまた整理し直すのである。

ある日、安置室に保管してある遺骨の整理を任された。番号の若い順から棚の左奥から並べていき、五列になったらその隣に同じように五列、また五列と並べていく。

結構時間のかかる作業で、なかなか大変ではあるが、遺骨が所狭しと並べられた安置室で一人、黙々と作業をしていると、こんなにもたくさんの人が引き取り手を待っているのだなと思い少し感傷的にもなる。

なるべく早く引き取り手が見つかるといいなと思いながら、一台目の棚の整理が終わってなんとなく番号が振り分けられた骨壷を眺めた。

ふと、棚に並べられた一番手前の列の骨壷の番号が気になった。

その並んだ骨壷の番号の一の位だけを読んだら、何かの言葉にならないかなあと意味のないことを思いついた。仕事の合間のちょっとした息抜きだ。

左から、骨壷に書かれた番号の一の位だけを順番に見てくと——


9・6・4・1・8・8・9……


「クルシイハヤク」

なぜだか声に出していた。

「えっ？」

並んだ数字を何の気なく、このように声に出して読んだ自分にびっくりした。

当然、単なる偶然なのだろうが、その文字列に気づいてしまった今では、気になって気になってしょうがない。

さっきまで何も感じていなかったこの空間が、妙に怖い。

安置室から早く出たいと心の底から思い、残りの遺骨を大急ぎで整理すると、飛び出して休憩室へと駆け込んだ。

「あれ？　早かったねえ、仕事熱心だなあ」

と先輩に言われた。

「いいえ、違うんです先輩……」

言いかけたものの、わざわざ伝える必要もないと思い、未だにこのことは誰にも言わずに現在に至っている。

こういう奇跡に近い偶然を目の当たりにすると、なんとなく未知の力やなんらかの意志の力が働いているような気がして恐ろしく感じる。

中にいる

火葬場は火を扱う場所である。火といっても小さい火ではない。バーナーから吹き出す火は轟音と閃光を出しながら、千度近い熱を発する。火柱と言ってもいいだろう。

そんな危険な火を扱う現場であるからこそ、安全に関しては他のさまざまな業種の中でもより徹底して行っている。滅多なことでは事故など起こらない。起こり得ないのだが、あわやもう少しで、ということがあった。

とある火葬場の休業日、僕はいつものように出勤した。

なぜかというと、その日は大掃除をする予定があったからだ。火葬場では定期的な休業日に、職員がローテーションで出勤して掃除を徹底的に行うのだ。

普段できないさまざまな場所を掃除するのだが、その中でも大変なのが炉内の掃除である。

炉内というのは実際、遺体が火葬される場所で、耐熱レンガに覆われた、人一人が寝転がってちょうどよいくらいのスペースだ。

その炉内の内壁に、茶色や黒色の固形物（血や脂の塊）がびっしりとついているので、コテを使ってガリガリをとこそぎ落とすのだ。

前述したが凄まじい炎が使われる炉である。一晩そこらでは熱は抜けず、炉内は半ばサウナ状態である。そんな場所に作業着に防じんマスクと防じんメガネをつけて潜り込み、掃除を行うのだ。

暑いとか言っていられない。汗でべたべたになりながらも、内壁をガリガリとコテで掃除をしているその時。

ブーン、カタカタカタ……

急に後ろから、聞き慣れた機械の動作音が鳴った。

すぐさま後ろを振り向くと、断熱扉がゆっくりと閉まっていく途中であった。

この断熱扉のことをダンパーと呼んでいたのだが、このダンパーは強力な火葬の火にも耐えうる頑丈な扉である。

閉じ込められたら最後、一人では出ることは決してできない。そして、それよりももっと恐ろしいことが頭によぎる。

火葬場は危険な火を扱う場所なので、安全に関しては徹底している。安全装置や設備も充実していて、例えば、ダンパーが閉まらないと火は出ないようになっている。

これが安全装置の一つなのだが、今そのダンパーが閉まろうとしているのだ。

ダンパーが閉まってしまえば、あとは点火ボタンを押すだけであの激しい炎に巻き込まれる。

僕は蒼白になった。

「おーい！　いる！　中にいる！　おーい！」

渾身の力を込めて大声で叫んだ。閉まってしまったらもう終わりだ！

誰かが気づいたようで、ダンパーは途中で停止した。僕は慌てて外に出て、大きく安堵の息を吐いた。

後日、間違えてダンパーを閉めかけたということで同僚が始末書を書いていた。

「多分、ワシが閉めたんだと思うんだけどね……でも記憶が全然ないんだよね」

その同僚は年配の男性で、普段からものすごく物腰も柔らかく、僕に対してもいつも優しい。

「自分は何かに操られたような気がするんだよね」

決して嘘をつくような人ではないと思っているのだが、その人がそのように言うのである。

そういえば、少し気になることがあった。

ダンパーが「ブーン、カタカタカタ……」と閉まっていく時、僕は奇妙な音を聞いていたことを思い出したのだ。

聞きなれた機械の動作音の合間に——甲高い女性の笑い声のような音。

「フフフフ……フフ……フ……」

それはきっと、機械が擦れて出た摩擦音なのではないかと、自分では思っていたのだが――。

実は前日、その炉で若い女性を火葬していた。

まさかとは思うのだが。

火葬場職員体験談3　生きたまま火葬？

生きたまま火葬をしてしまうことがあり、炉の中で苦しさのあまり暴れて叫び声を上げているが間に合わず、職員は火を止めることはない——というような事が都市伝説的にまことしやかに囁かれています。

想像するだけでも本当におぞましいですが、先に言っておくと現代日本でそんなことはありません。都市伝説が大好きな方には申し訳ないのですが。

まず、日本で人が死ぬと死亡診断書、もしくは検死案件書というものが必ず発行されます。法治国家ですから国民がなぜ、どういう理由で、どのように亡くなったのかをキッチリと管理しています。なので、お医者さんに出していただく死亡診断書や検死をした後の検死案件書は「法的書類」としてみなされます。

それくらい国民の死亡理由をキッチリ管理しておかないと、それこそ殺人事件が起きたとしても気づかれなくなりますよね。なぜ死亡したのかを判明させるのは、法治国家として必要な事柄なんです。

そして、この国の医療は世界的にもちろん進んでいて、死亡診断を誤ることはまずありません。

しかも日本では二十四時間以内に火葬をすることが基本的に禁じられています。なので、死亡診断書が発行されてから必ず二十四時間以上経ってからの火葬となります。


さらに、これは葬儀屋目線なのですが、人は亡くなると急速に熱をなくします。さらにどんどん死後硬直が始まっていき、遺体は遺体らしい振る舞いをしていきます。

例えば、ある方が病院でお亡くなりになりました。葬儀屋が駆けつけお通夜とお葬式の段取りを組みます。

一日、二日……と経つうちに遺体は冷たくなったり、硬直があったり、もちろん死臭もしてきます。そして腐敗を抑えるためにドライアイスを遺体の体にあてます。

ドライアイスを一日中遺体の胸にあてるとどうなるか？　胸の辺りを中心にもうカッチンコッチンに凍ってます。ドライアイスをあてる部位は厳密に言えば葬儀屋によって若干の違いはあるかもしれませんが、胸の他にも左右の首元やお腹にもあてます。

この時点で、そもそも死んでいるどころか健康な人でもおそらく命がありません。

そして、これは火葬場職員として、もし――もしも、叫び声が聞こえたら、絶対に火を止めます……。

軽いのは……

火葬場職員から葬儀屋に転職した時、葬儀屋のベテラン、初老の男性先輩から、

「遺体は重いぞ」

と言われたことがある。

そうなのかと思いつつ、なかなかそれを実感する機会がなかった。

やがて、葬儀屋として働いているうちに、実際に遺体をおんぶして運ぶ機会があった。

その遺体は長いこと入院していたお婆さんで、小柄なうえに体はやせ細っていた。

葬儀屋のスタッフの中で若手だった僕は「任せてください」と手を挙げた。

楽勝とばかりに遺体をおんぶしてみたものの、びっくりするほど重く感じた。

その時「ああ、これが言っていたことか」と、先輩に教えてもらったことが頭によぎっ

た。

なぜ遺体がこんなに重いのかには理由がある。

生きている者であれば、おんぶをする側のことを意識して、細かな体重移動でバランスを取ってくれたり、しっかりと掴まってくれることで体感的な重さが軽減される。

だが、遺体はそうではない。

遺体は完全に脱力しているので、おんぶする側が楽になるような姿勢を取ることも、バランスを取ってくれることもない。

だから、思っているよりも遥かに重いのだ。

お婆さんの遺体をおんぶして重かったという経験をした後、遺体は重いと教えてくれた先輩に「本当に重たかったです」と言った。

「そうだろう、お前も色々わかってきたな」

そう言われ、少し認められたような気になり、嬉しかった記憶がある。

だがその後、先輩は真剣な眼差しでこちらを睨み、こう言った。

「たまに、ごく、たまに遺体が軽い時がある。その時は、絶対に後ろを振り向くなよ」

「なんでですか?」

そう言うと、先輩はニヤッと笑って言った。

「自分で考えろ」

僕は少し考えた。

「遺体が重くない、それは遺体がしっかりとしがみついてきている」

ということに気づくまでに時間はかからなかった。

深夜の病院で

葬儀屋は二十四時間体制で仕事をしている。

遺体の引き取りは何時であっても向かうことになっている。

そしてある深夜二時のこと。

「○○病院に向かってくれ」と上司から連絡があり、いつものようにスーツに着替え目的の病院に向かった。

到着すると、裏口から入っていく。

深夜の病院と聞くとそれだけで怖いイメージがあるかもしれないが、こちらは仕事であり、今から向かう病室には遺族が待っており、その対応やご遺体ともどもこれからの段取りなどで頭はいっぱいだった。

亡くなった方は高齢の男性で、お名前は「ミチオ」さん。病室にはご家族が四人から五人おられるということだった。

薄暗い病院の長い廊下を急ぎ足でコツコツと歩いていると、前方のベンチに人影が見える。

近づいていくと、ベンチには高齢の女性が座っていた。

普通ならぎょっとするかもしれないが、それなりに葬儀屋として数をこなしてくると、深夜に伺った病院で高齢の方が眠れずに院内で歩いていたりベンチに座っていたりすることはよくあることなので、特に気にはならなかった。

通り過ぎようとしたところ、その女性が顔を上げ、

「お世話になります」

と言う。

え？　と思ったものの「あ、こんばんは」と軽く会釈をし、急いで病室に向かった。

病室に入ると、聞いていたとおり五人の遺族が集まっていた。

「葬儀社のものです」と挨拶をし、これからのことを話し合うことになった。

まずは、亡くなった故人のお顔を拝顔させていただく。

遺族の了承を得て、手を合わさせていただくために故人の顔にかけられた白い布をすっと取った。

ご遺体はなんと女性だった。

(あれ？　男性だと聞いていたんだけどな)と心の中で思いながら、遺族にもう一度確認をした。

「亡くなった方のお名前ですが……」と訊くと「××ミチヨ」であった。

電話の際に「ミチオ」と聞き間違えて「ミチオ＝男性」だと思い込んでいたのだ。

そして、はっと気がついた。

今、目の前にいる故人の顔は、先ほど廊下のベンチに座っていた高齢の女性と瓜二つだと。

「お世話になります」

その言葉の意味が、その時ようやくわかった。

軽い遺体、重い遺体の違い

棺の重さはそれこそ十人十色です。棺自体の重さというより、その中の人の大きさもさることながら状態によっても大分左右されます。

仮に体重九十キロの大柄な方が納まっている棺だと、四人で運ぶのも一苦労です。

棺に取っ手でも付いていれば話は別ですが、もちろんそんなものは付いてません。なので、火葬炉に運ぶためには棺の四つ角をそれぞれ持って四人で運ぶのがいつものスタイルです。

時々人手が足らず三人で運ぶこともありますが、その場合は頭側に二人、足元側に一人というふうにして棺を持ちます。


当然、重い棺は大変です。特に火葬場ではどちらかというと年配の従事者が多いので、それで腰を痛めたりすることも多々あるようです。

そういう意味では水死のご遺体は大変でした。なぜかというととにかく重いんです。

当然です、遺体が水分をたくさん含んでいるので、かなりの重量になります。

遺影に写る故人様の輪郭やなんとなく予想できる体格を、遥かに超えて重たいことはよくあることです。

そして火葬場職員も人ですから、人によってはその重さが理由で水死の遺体の納まった棺を運ぶのが好きじゃない、と公言する方もたくさんいました。

ですが、ぼくが一番苦手な遺体は重い水死体ではなく、焼死体です。

焼死体はとても軽いのです。なので、運ぶという面では非常に体力的にはラクになります。

ですが、それでもぼくは一番苦手でした。

なぜかというと我々は火葬場職員なので、火葬場に来た遺体を火葬するのが仕事なんです。

そうなんです。焼かれて亡くなった焼死体をもう一度焼かないといけないんです。

これは個人的に精神的に辛かったです。

いつも焼死体を火葬する際は「ごめんなさい」と小さく呟いていました。

金縛り

あなたは金縛りにあったことがあるだろうか。

こと怪談においては「金縛り」は題材としてよく取り上げられるものである。この「金縛り」というのは、そもそも怪奇現象というよりは物理的な症状としての現象なのである。

実は僕は幼少期から金縛りに幾度となく見舞われており、それは心霊現象と言うよりはむしろ睡眠障害に近いもののようである。

それは高校生の頃、ようやく家族につれられ病院で相談をしたところ、医学では睡眠麻痺として一種の睡眠障害の症状と言われたからである。

その際、さまざまなことを医師に伺った。

金縛り中に見る幻覚のことや自分の胸の上に乗ってくる何か恐ろしいもののこと、自分の体が宙に浮くような感覚など、思い当たることを相談すると、すべてそれは睡眠麻痺の症状としてよくある症例と言われた。

それまでずっと悩んでいたことが嘘のように晴れやかになり、大変気持ちが楽になった記憶がある。なので、今でも怪談としての金縛りについて聞くと、医者に聞いた症例と頭の中でどうしても照らし合わせてしまう傾向がある。

だがその中で、今まで聞いたことのないような金縛りの話がある。

これはとある知人の話で、その男性は結婚しており奥様と幸せに暮らしているが、その奥様が十年ほど前に体験したという話である。

十年前、まだ独身であった頃の奥さんであるHさんは今のご主人と交際しつつ、一人暮らしを始めるためにワンルームマンションを借りた。

十階にあるその部屋は後になってわかったことだが、ある意味事故物件であった。

「ある意味」と付け足した理由はこうである。

Hさんの借りた十階の部屋の住人が自殺をしている。しかしそれは、玄関を開けて廊下に出ると目の前は吹き抜けになっており、その吹き抜けから過去に二回、飛び降り自殺があったというのだ。

つまり、Hさんの部屋そのものは事故物件ではない。なのでHさんは何も知らされることなく、この一室を借りていた。

引っ越しを終えた当日の夜、Hさんの身に異変が起こった。

Hさんは今までにも何度も金縛りにはあっていたという。しかし、その夜はいつもの金縛りとちょっと違っていた。

寝ていると体が動かなくなる。それから髪の毛がグーーーッとゆっくり上に引っ張られるのである。Hさんの髪は肩より少し長いぐらいのストレートヘア。その髪を握られるようにして引っ張り上げられる。

そんな症状は僕も今まで聞いたことがなかったので、大変興味深かった。

そしてさらにHさんは怪異に悩まされる。なんとそれが毎日続くというのだ。

毎晩寝ると金縛りにあい、そして同じように髪の毛をグーッと上に引っ張られるのである。

しかも日を追うごとに、引っ張る力がどんどん強くなっていく。やがて頭皮に痛みを感じるようになったというのだ。

金縛り中に「痛い」思いをするというのは、想像しただけでも耐え難い恐怖である。

Hさんは三ヶ月を目処に、引っ越しをする決心を早々につけたという。

三ヶ月という目標を作ったのは、正直なところすでに引っ越し費用や賃貸の手数料などで手元にお金がなかった。また引っ越すとなると同じだけかかるわけだし、Hさんもなるべくなら住み続けたいと思っていたので、その間に状況が変わればいいなあと思っていた。

しかし、ついに決心をする出来事が起こったという。

それは住みだして二ヶ月経ったある夜。いつものように寝ていると、これまたいつものようにビシッと金縛りが襲ってきた。

目が冴えて「ああ、またか」と思っていると、やはり髪の毛をグーッと上に引っ張られる。その力がいつもに増して強くなってくる。

「痛い、痛い、痛い‼」

　動かない体に力を込めて抵抗するが、今回はなかなか金縛りが解けない。それでも必死に金縛りを解こうと抗っていると、髪の毛を引っ張る力がさらに強くなった。

　頭が左右に振られるほど、ものすごい力でぐんぐんと引っ張り回される。痛さは尋常ではなく、もしかしたらこのまま死んでしまうのではないか、とまで思ったそうだ。

　そして、どれほどの時間が過ぎただろうか。

　ハッ！　と気がつくと目の前がいつもと様子が違っていた。

　いつもなら、金縛りが解けて目が覚めると、大体夜中の二時か三時頃で部屋は真っ暗なのである。しかし目の前は明るい。部屋が明るい。

　どうやらもう朝のようだ。自分は朝までうなされていたのか……と思うと同時に何やら違和感がある。

　自分がいつも見ている天井ではない。

「あれ？　ここはどこだろう」

　と思い上半身をゆっくり起こすと、自分が寝ていたのはいつものベッドの上ではなく、玄関前の廊下だった。

このことがきっかけで引っ越しを決心する。

後にこのマンションで、しかも自分の住んでいた部屋の住人が、玄関を開けてすぐのところから二人も飛び降りていることを知ったHさんは、

「もしかしたら自分はあそこから放り出されようとしていたのかもしれない」

と、後に夫となる知人に話したそうだ。

警告

「国産みの島」と呼ばれる島で、僕が実際に体験した話である。

その日、夜釣りに出かけようと思い釣り道具をリュックに詰め、二五〇ＣＣのバイクに跨り深夜零時頃、家を出発した。

狙っている魚はタチウオである。タチウオは基本的に夜釣りがメインなのだ。

目的地は島の反対側であり、たどり着くためには島の山道を横断しなければならない。山道は舗装されているものの、街灯などは一切なく、またこの夜は月が出ておらず完全な暗闇であった。

当然、対向車などもまったくなかったが、その暗さゆえにスピードを出すこともなく、安全運転で走行していた。視界に映るのはバイクのライトに照らされた、前方の丸い空間のみ。それ以外は完全な暗闇であった。

山道を走っているのだが周りを見渡しても完全な暗闇のため、山の中を走っているというよりはまるで闇の中を走っているようなそんな気分であった。

山道を半分くらい行った頃だろうか。

ライトに照らされる前方の道に、薄くスモークがかかっていた。

霧かな？　と思い、なんとなく不安な気持ちがよぎった。

スピードを少し緩めそのままゆっくりと走行していると、目の前にちょうど人が両手を広げたくらいの大きさの煙が急に現れた。

そこは左に曲がる急カーブで、突然現れた煙を避けようとそのまま左にハンドルを切ったのだが、身体半分が煙にぶつかる形になってしまった。

その時、ブワッとものすごい線香の香りがした。

え？　と思ったその瞬間、道路の右車線に八十後半か九十歳くらいの老人の男性が何も持たず立っているのが見えた。

対向車がないとはいえ、もしこの煙を避けて左に急ハンドルを切らなければ、その老人に接触してしまったかもしれない。

そう思うととても怖くなり、山道を抜けて目的地にたどり着いたのだが、そのままもと来た山道を通らず、大回りをして帰宅した。

後に、あの時の線香の香りは一体なんだったのかと、色んな方に聞いた。

すると線香の香りというのは「ご先祖」のにおいだという意見が多かった。

基本的には悪いものではないのだが、その線香のにおいには二通りのパターンがあるらしい。

一つは、ご先祖様が近くにいて見守ってくれているというありがたいケースだ。これを聞いた時は「ああ、なるほど、あの時の線香のにおいは悪いものではなかったのか」と少し安心した。

だがもう一つのパターンを聞くと、どうやらそうも言っていられないようだった。

二つ目は「警告」である。

何か悪いことが起こる時に、それを回避させるためにご先祖様が現れて、ゆえに線香の香りがする、というものである。このケースであれば、あの時に何か悪いことが起こっていたということである。

ふと、右車線にいたあの老人男性のことを思い出した。

「そうか、あの人に接触するのを避けるために出てきたのかな」

と思ったのだが、おかしなことに気がついた。

月の出ていないあの夜、周囲には家などない山道で、あの老人男性は手ぶらで立っていたのだ。

そう、ライトが無ければ目の前がまったく見えないほどの真っ暗闇の中で、懐中電灯も持たずに道に立っていたのだ。

あれは「人」だったのか？　と少し自信がなくなった。

もしかしたら、線香の香りは何かの警告だったのかもしれない。そう思うと、あの道を深夜に通るのはもうやめようと心に誓った。

ついてくる

夏の夜、バイクを走らせるのは非常に気持ちがいい。

どれだけ暑い熱帯夜であっても、夜風を浴びながらバイクに乗ると、とてもすがすがしい気持ちになれるものだ。

家に着くまであとに二十分ほどかなと、田舎道を走っていた。

途中、大きなお寺があるのだが、その前の信号が赤になり停車した。見るともなく見てみると、どうやらお寺の一部に明かりが灯っているのか、ぼんやりと赤く染まっていた。

その頃すでに夜の十一時であった。

普段ならこんな時間に明かりが灯っているはずもなく、何かやっているのかなと思いながらも、信号が青になったのでそのままバイクを走らせた。

しばらくすると、バックミラーにバイクのライトの光が映った。

あれ？　いつの間にいたんだろう、と思いながらも気にせず進んでいった。

自分の家にたどり着くために、さらに普段あまり人が通らない道に曲がって進んでいく。そしてしばらくしてバックミラーを見ると、先ほどと同じように後ろにバイクのライトが見えた。

この道に誰かがついてくるなんて珍しいな、と思い、その頃から後ろのバイクを気にするようになっていた。

走りながら、そういえばおかしな点があると思っていた。

ずっと後ろをついてきているのだが、だいたい二十メートルくらい後ろにいて、その距離が変わらない。つまり、信号で停まっても走っている時も、同じくらいの距離のところにいる。

変な人につけられているのか、などさまざまな不安が頭をよぎった。

だが、次の曲がり角で確実にわかる。

その道は細い路地のようになっており、道の先には自分の家を含め数軒の家しかないからだ。

そして、その住民の中でバイクを所有しているのは自分以外にはいないのだ。

曲がり角に差し掛かった時に、ハンドルを右に切って勢いよく路地に入った。

そしてすかさずバックミラーを見ると、どうやら後続のバイクはこの道に入ってきていないようだった。

バイクについてこられてるなんて、思い過ごしか……と思いもう一度、角を曲がりながら自分が進んできた道を振り返ると、あのバイクの光がこの道に入ってきたのだった。

その時点で家の前まで急いでバイクで向かい、慌ててエンジンを切った。

なぜ慌てていたかと言うと、そう、バイクの音がしないのだ。

そしてもう一つ奇妙な出来事があった。

先程から自分のお腹が、まるで後ろから手を回されているようにポカポカと温かかったのだ。

急いで家の鍵を開け玄関に入り鍵を閉めた頃には身体の異常はもう消え去っていた。

あれは一体何だったのかと思い返すと、ふとそう言えばと思い出すことがあった。

普段は夜は真っ暗なお寺なのに、明かりがついていたこと――。
そういえば今日はお盆だった。
そういうこともあるのかな、とおぼろげに感じた。

目の前にいたのは？

今から二十年ほど前のこと。

大学生だったIさんは、深夜の公園で友達五人と地べたに車座になっていた。

特に何をするでもなく、お酒やコーヒーを飲んだり、タバコを吸ったりしながら喋っている。

あと数時間で徐々に明るくなってくるだろう。もしかすると朝までこのままゲラゲラ笑いながら話をしているのかもしれない。

そんな雰囲気でいると、ふと公園の奥の方の暗闇をずっと見ているSがいた。

Iさんは、なんだろう？　と妙に気になって、Sの見ている方向を同じように見ていたら、何か硬い靴底のような音が聞こえてくる。

コツコツ……コツコツ……コツコツ……

公園の暗闇の奥から近づいてくるように思える。

Iさんだけではなく、他のみんなもその音に気づいたようで話をやめる。

「聞こえるよな？」

というように、自然と互いに目配せをして、音のする方に注目した。

コツコツ……コツコツ……コツコツ……

音は少しずつ自分たちの方へ近づくと、ピタッと止まった。

さっきまでの談笑が嘘のように、全員が耳を澄ませた。

しばしの静寂が闇を包んだ。

コツコツ……コツコツ……コツコツ……

また足音が聞こえてくる。

どうやら自分たちが座っている周りをうろついているようである。

Iさんは「もしかして自分だけに聞こえているのか？」と一瞬思ったそうだが、足音のする方向をその場にいた全員が何かを目で追いかけるように向いていたので、その考えはすぐに否定された。

コツコツ……コツコツ……コツコツ……

近くにあった自動販売機の方に足音が差し掛かった時、

〈ビビビビビ！〉

自販機が異音を放ち、ディスプレイの照明がチカチカと異様な点滅をしだした。

するとSが急に「うわあああ！」と叫びながら立ち上がると、離れたところにある駐車場に向かって走り出した。

その様子を見たIさんたちも反射的に立ち上がると、Sを追いかけるようにいっせいにその場から逃げ出した。

駐車場にたどり着いたら、先にいたSがひきつった顔をして息を切らしている。

「おいおいS！　ビビリすぎだろ！　こっちもびっくりするじゃん」

つられて逃げ出したことが照れ臭くなったIさんたちは、そう言ってからかうと、Sは青ざめた様子で言う。

「違うんだよ、俺、タバコ吸ってただろ？　あの時さ……」

Ｓは神妙な顔をしながら話し出した。

自販機が異音を放ち照明が妙な点滅をし始めた時、Ｓはタバコを吸っていた。そしてその煙をフゥッと吐き出した。そのタバコの煙は流れて行かず、目の前で女の顔になって浮き上がった。見えない顔が吐き出された煙によって浮き出たのである。

その女の顔は、Ｓの目をのぞき込んでいた――。

実際にこの辺りは首吊りが多い土地だと言われているという。

もしかしたら、そういう霊の仕業だったのかもしれない。

火葬場職員

「出る」という噂の火葬場が存在する。敷地内のとある場所に「出る」と言うのだ。

火葬場というのは遺体を扱うわけだから、そういう話に縁のあるところではあるのだろう。

けれど、もし自分が幽霊になったとしてわざわざ火葬場に行くのか？　自分が死んだ場所や家などゆかりの場所に行くのではないか？　という素朴な疑問も持っている。ゆえに火葬場で働く上で何も気にならないのだが、この話を聞いた時はなんとなく心に引っかかるものがあった。

ある葬儀屋さん（Dさんとする）から聞いた話。

Dさんが「出る」と噂の火葬場に仕事で来た時のことだ。

その火葬場には式場が併設されている。その時に担当していた遺族へのもろもろの対応も終わり、一段落ついたところでDさんはお昼ご飯を食べようとした。

だが、飲食店を探して施設の付近を歩いてみたがまったく店がない。ようやく見つけた小さなお弁当屋さんで弁当を買って戻ってきた。

外部の業者である自分が、式場の目立つところでお弁当を食べるわけにはいかない。人目に付かず落ち着いて食べられる場所を、と見回すが、見つからない。

仕方なく火葬場の方に行き、廊下の裏に回ってみると、扉がなくオープンになっている物置部屋がある。

座れる場所さえあれば、もはやどこでもいい。

覗いてみると、ちょうどテーブルとパイプ椅子が置かれてある。

ここなら他の遺族も来ないだろうし、火葬場の職員も頻繁には来ないだろうと思い、入り込んでお弁当を広げた。

半分くらい食べたところで、一緒に買ってきていたお茶を飲んで一息ついた。すると、物置部屋の右側の方から足音が聞こえてくる。

「誰か来る……」

火葬場職員に見られたら怒られるんじゃないか、と少し緊張しつつ、しかしこの物置部屋には隠れられるスペースも一切なく、どうしようもないので咎められたらその時だと、固まったまま足音の様子をうかがっていた。

すると、作業着を着た職員の男性が、オープンになっている入り口の前を、右から左へと歩いて横切っていった。

男性は物置部屋を見もせず、真っ直ぐに歩いていったのでDさんは「良かった……」と思い、急いでお弁当をたいらげると部屋を出ようとした。

すると、またも足音が近づいてくる。

先ほどとは逆で、今度は左から誰かが歩いてくる。

コツコツ……コツコツ……

さっきの火葬場職員が戻ってきたのだろうか。今、出るとばったり鉢合わせてしまいそうなので、Dさんは物置部屋の中で息を殺した。

と、足音が入り口手前でピタッと止んだ。

どうも、物置部屋を出てすぐ左側のところで立ち止まっている様子だ。

「もしかしてバレているのかな？」

そう思いながらも、Dさんは部屋を出るタイミングを逸してしまい、そのままじっと耐えていた。

しかし、いつまでもここにいるわけには行かないと思い直し、意を決して物置部屋を出て左を見た。

全身に鳥肌が立った。

Dさんは物置部屋に入る時には気がつかなかったのだが、左の先は行き止まりになっていた。

ならば、先ほど左側から足音が聞こえたのはなぜだ？

いや、それより左の方へと歩いて行った作業着の火葬場職員は一体？

疑問と不安で頭が一杯になるDさん、さらにあることに気がついた。

左側から聞こえた足音はここで止まった、ということは——。

「ここにいる！」

Dさんは一目散にその場から離れ、火葬場の外の駐車場まで走った。

この日は快晴で、それだけで心が救われた気持ちになった。

近くに知り合いの火葬場職員が通りかかった。

「ちょっとちょっと」

Dさんは慌てて声をかけた。

「あの……あそこにある物置部屋って……」

と話し始めると、職員はDさんの言葉を遮るかのように返してきた。

「あ、あそこ入ったんですか？　見ました？　作業着、着てたでしょ？」

そんなことがあってからは、

「俺は幽霊を信じるよ」

とDさんが話してくれた。

もしそれが本当に幽霊だとしたら――。

命を亡くした今でもなお、自分の働いていた職場にいるのかと思うと「なるほど、そういう可能性もあるのか」と妙に納得した。

火葬場職員体験談5

焼き場事情

体の悪い部分が火葬した後に黒く残る。これは嘘です。火葬場職員自身も信じ切ってしまっている場合もありますが、まったく根拠のないデマです。

黒い部分は悪いところ説の発端は不明ですが、一つの話として昔、まだ火葬技術が発達しておらず野焼きで火葬していた時代は完全に綺麗に骨だけになるまで火葬する、というのが難しく、よく焼け残っていたそうです。その焼け残りを誤魔化すために「ここは体の悪い部分」と言っていたのではないか？　という説があります。

現代では大抵、一緒に入れたおにぎりやおまんじゅうなどの食べ物、その他諸々の原因で骨に黒く色が移っている要因がほとんどです。

僕の体験としては、火葬が終わってお骨上げの時、焼骨のお腹のあたりにおにぎりが黒く炭になったカスがあったんです。それを見るやいなや「ああ……胃ガンだったから黒く残ってるんだ……」と、焼けたおにぎりのカスを見ながら喪主の男性が言っていました。

なので、丁寧に説明しておきました。

「遺体は水袋のようなもんだから」
火葬場で働き始めた時、そう言われたことを今でも覚えています。確かに人間の六十パーセントは水分で出来ていると言われているらしいので「水袋」と言われると、まあ確かにそうです。

火葬し出してしばらくすると、遺体の全身が真っ黒の状態になります。が、決して乾いた黒ではなく湿った黒のイメージです。やがて全身の黒い皮膚の間にはヒビが入り、その間から透明ともピンクとも表現できる体液がドロドロと流れ出してきます。火を浴びているはずなのに遺体はびっしょり濡れています。

時には、お腹付近から勢いよく薄ピンク色の体液や血液がビューっと飛び出すことがあります。まるで噴水のようで飛び出す勢いで、火葬炉内の天井まで到達することさえあります。そう、まさしく水袋という表現は的を得ていました。

これだけ水分が多いので、ものすごい勢いの炎をもってしても火葬にはある程度時間がかかります。

赤い女

「霊が見える」という人をすべて信じるというわけではないのだが、ごくたまに説明のつかないほど明確に「霊の存在」を的中させる人がいる。

これはそんな人の話である。

僕は二十歳の頃、とある観光地でバーを営業していた。常連さんでいつもいっぱいだったが、立地が良かったので一見さんもよく来ていた。

ある深夜、十二時を過ぎたあたりで常連さんたちがみんな帰ってしまった。

「もう、今夜は誰も来ないかな」と思っていた矢先、チリンッと店のドアが開く音がして一人の女性が来店した。

旅行者だというその女性は、ふらりと飲みに入ってきてくれたのだ。

「どうも、はじめまして」

僕の前のカウンター席に座った彼女にありきたりな挨拶をしつつ、お酒を出すと何か会話をしようとするのだが、どうもその女性の様子がおかしい。

何がおかしいかと言うと、話しかけるとそれに答えてはくれるのだが、一切、僕の方に目を向けてくれない。あちらに向いたり俯《うつむ》いたりして、お酒を飲みながら話はするのだが、頑《かたく》なに僕の方を見ようとはしなかった。

何か悪いことでも言ったのだろうかと、まったく思い当たることはないが不安になっていた僕だが、早々に女性が「お会計を」と言い、店を出て行ってしまった。

「ああ、やっぱり気に障ることでもあったのかな。申し訳なかったな」

そんな風に思ってグラスを片付けようとしていると、ドアが静かに開いて、先ほどの女性客が外から僕を手招きしている。

え？　と思い、僕が店の外に出ると女性客が話しかけてきた。

「あの……変なこと言いますけど、気をつけた方がいいですよ」

確かに変なことを言う。

「どういうことですか？」

訊くと、つまりこういうことである。

「あなたの真横に、髪も肌も含めて全身が真っ赤な女がずっと立っている」

店に入った時はわからなかったが、バーカウンターに座った途端に気がついたのだという。

赤い女に自分が気がついたことを悟られるのが嫌で、マスターの方を見ることができなかった、申し訳ない、という。

それを聞いてなんとなく思い当たる節はあった。といっても「霊がいるような気がしていた」とかいうのではなく、実は数日前に急に思い立って、店の壁から天井まで赤い布を張り、店内をすべて赤に統一したのであった。

その女性客は、店内の赤い様子に反応してそういうことを言ってきたのではなかろうか。ちょっとイタい人なのかもしれない、と思ったのだ。

その女性客は続けて言った。

「あなたはその赤い女に引っ張られている。内装を赤くするのはやめた方がいい」

「そうなんですね、気をつけます」

ひとまず、その女性客の話に合わせることにした。


そんなことがあってから数日後、また奇妙な客が来た。

客がちょうど切れた時間、チリンッと一人の女性がやってきた。また一見さんである。

なんとなく、この前の女性客のことを思い出した。

「また、怖いこと言われたら嫌だなあ」

と思っていたがそんな心配はまったく不要だったようで、その女性はとても軽快に明るくたくさん話をしてくれた。

「いい人だなあ」と漠然と思いながら楽しく会話を続けていると、その女性が急にこんなことを言い出した。

「ああ、赤い女の人いるね」

そう言われ、ギクッとしたがなんとなくシラを切り、

「なんのことですか？」

と聞くと、先日の女性と同じようなことを言う。

「あなたの真横に赤い女性がいる」

そして、店内の赤い装飾はやめた方がいいという、忠告まで同じだった。

その後もその女性と楽しく会話をし、機嫌よく女性は帰っていったのだが、正直僕の心の中は不安でいっぱいであった。

ひとまず店を閉めると、真っ赤な店内を元に戻すべく、天井や壁を覆っていた赤い布をすべて剥がすことにした。

すべて取り除くと、クリーム色の天井、薄い柄の入ったブラウンの壁で、一気に店内が明るくなった。

「なんで、赤くしていたのだろう？」と自分でも不思議に思うほどだった。カウンターに立って店内を見回して気分も晴れやかになり良かったのだが、一つだけ気になる。

それはカウンターに立った時に、目の前の奥にある壁だ。

なんとなくその壁が寂しく感じられ、何か置きたくなったので、ひとまず倉庫にしまってあった小洒落《こじゃれ》た姿見を置くことにした。

そこから数日後、あの楽しく会話をしてくれた女性が二度目の来店をしてくれた。

店内に入った途端、「やっぱりこっちの方がいいね」と女性は言ってくれたが「でもやっぱりまだダメだね」と言う。

その時は、僕はその女性の言うことをちゃんと聞こうという気持ちがあった。

「どこがダメですか？」

そう訊くと、女性は奥の壁を指差した。そこには姿見がある。

「あの姿見を見た時に、何が見えます？」

女性に訊かれたので、

「えーと、自分の姿ですね」

と答えると――。

「そうでしょ？　あなたがあの鏡を見ると鏡の中のあなたもあなたのことを見るでしょ？　これはあなたの横にいる女が、私のことに気づいてっていうアピールだからね」

そう言われると気が気ではなくなり、すぐにその女性の言うとおりに姿見を倉庫にしまい直した。

そしてその深夜。誰もいなくなった店内で片付けをしていると、先ほど、姿見を撤去したあの壁が、どうしても寂しく感じられる。

鏡を置くのは怖いけど、何か別の物を飾ればいいんじゃないだろうか。

店内には趣味で集めていたレコードがおよそ百枚ほどある。その中からジャケットの気に入ったものを九枚選んで、三×三で正方形になるように壁に飾ったらどうかと思いついた。

たしかにこれならお洒落でいいじゃないか！　ということで深夜のレコードジャケット選びが始まった。

あれでもない、これでもないと一時間ほど経った。選んでいる時間がとても楽しかった。そして厳選した九枚を、壁一面に飾ってみた。

「うん、いいね！」

うまく壁に飾ることができて自己満足に酔い、せっかくなのでいつも立っている場所から眺めてみようと思い、バーカウンターの中に入って立った。

壁を眺めて戦慄した。

九枚のレコードのジャケットはすべて自分で選んだものだ。しかし無意識に選んだそれらはすべて女性の顔のアップで、その視線は僕に向けられていた。

「私のことに気づいてっていうアピールだからね」

あの女性の言葉が頭をよぎった。

もちろん、すぐにそのレコードをしまい込んだことは言うまでもない。

心霊写真の効力

心霊写真の効力というのは、時代によって移り変わっているのかもしれない。

これは友人のSさんの話。

ある夜中の三時頃、知り合いのバンドマンのH君から、携帯にメールで写真が送られてきたという。

「この前撮った写真を見てください！」

メールにはそう書かれてある。H君がちょっと前に自分のライブが終わった後に、近くの漁港でバンドメンバーのAさんを撮った写真だという。

確かに防波堤にAさんが座っている様子が写っている。

そのAさんの手元がなんだか変だ。指が何層にも重なって見える。

確かに、とても奇妙な写真であった。

そんなことがあった約一ヶ月後、SさんはH君と喫茶店で会う約束をしていた。久しぶりに会って近況を話し合う中で、Sさんは「そういえば」と話を切り出した。

「なんであんな写真送ってきたの？」

するとH君は、

「あまりに奇妙すぎて、誰かに見て欲しくて」

と話し始めた。

というのも、H君はライブをした後は緊張から一気に気が抜けるためか、よく体調を崩すという。

あの写真を撮ったのもライブがあった夜だったが、明け方から風邪をひいたのか咳が止まらなくなってしまった。いつもは二、三日もすれば調子は良くなるのに、あの時はなかなか治らなかった。

おかしいなと思い、もしかしたらこの奇妙な写真のせいなのかも？　という気がして、

Sさんに送ってみたという。

Sさんはそう聞いて「ええっ？」と言いながら、ちょっと待てよ、と思った。

実はその写真が届いた後、Sさん自身も朝から咳が止まらなくなり、体調が悪くなった。元より喘息の持病もあったので病院にも行ったが、気管支炎になっており、思ったより状態が悪いと診断されていた。

咳が治まるまでには四、五日はかかると言われていたが、部屋で寝ているその間に別の友人にメールした際に、H君からのあの写真を面白半分に添付して送っていた。そしてそれから症状が一気に抜けて、あんなに酷かった咳も止まった。

H君の話を聞いて、自分も友人にあの写真を送ったら風邪のような症状が治まってしまったのだと思い至った。

Sさんはあの写真についてH君に詳しく話を聞いた。

そこで初めて知ったのだが、H君は昔から「見える」と言われる家系に生まれており、そういう家系であるが故、昔からよくお世話になっているその道の先生がいる。

つい最近、連絡すると「よく死ななかったね」と言われたそうだ。

しかも先生に「H君、もしかしてすごく若い女の子とお付き合いしていなかった?」と訊かれたという。まさに思い当たる節があった。

当時三十歳だったH君は十八歳の女性と付き合っており、あの奇妙な写真を撮ったちょっと前に別れたばかりであった。

生霊というわけではないが、別れたくなかったという寂しい気持ちが、H君に霊障的なことを引き寄せてしまっているのではないか、というのだ。

そしてH君は先生にお祓いをしてもらい、おそらくもう大丈夫だろう、ということで、この件は一応解決したというである。

「一応解決した」と聞いたSさんは、少し安心しながらも実はH君には言えなかった秘密がある。

実はSさんはそのとても奇妙な写真を、自身のSNSで拡散してしまっていた。

今のところ、誰かの具合が急に悪くなったという話はSさんの身の回りでは聞かないという。

しかし、もしかすると……と思うとSさんは未だに不安でいっぱいになるという。

沖縄旅行

今から三十年ほど前、高校を中退したTさんは卒業旅行の代わりに兄と一緒に沖縄旅行に行くことになった。

その時の沖縄旅行がとても楽しかったのでTさんは以来、友人のY君とK君と一緒に三年連続で沖縄へ行った。

そして四年目の沖縄旅行、さすがに四度目になると三人とも沖縄に詳しくなり、訪れる場所も観光地ではないところにきれいな景色を見に行ったり、行ったことのない場所を探したりするほどであった。

残り二日となったその日は、朝からレンタカーを借りるとTさんの運転でサトウキビ畑の横をドライブしていた。

九月初頭でサトウキビもよく育っていた。

右手にガードレール、反対側にサトウキビ畑がある広々とした道を進んでいくと、途中下り坂になってそのまま右にカーブしている道があった。

当然Tさんはブレーキを踏んで減速しようとしたのだが、なんとブレーキが完全にスカスカの状態になっており、まったく効かなかったのだ。

焦ったTさんはなんとかハンドルを切ろうと思うも、ハンドルもスカスカ。車が急に制御不能になってしまったのだった。

そしてそのまま、サトウキビ畑に突っ込んでしまう！　と思った瞬間、目の前に人影が見えた。「わあ！」と思ったのだが、手前にあった電柱にドン！　とぶつかっていた。車の勢いで電柱は根元から折れ曲がってしまったが、電柱に繋がる電線がギリギリ切れなくて済んでいる状態だった。

Tさんは急いで車から降り、電柱もさることながら「もしかしたら人を轢いてしまっているかもしれない」と青くなっていた。車の下や辺りを調べたが、倒れた人がいる様子はまったくなかった。

どうやら電柱にぶつかっただけらしい。

それだけが唯一の救いだったと思いつつも、警察からの事情聴取や現場検証などでその日はもう遊ぶような状況ではなくクタクタになって宿泊先に戻った。

しばらく休んだ後、警察官に「レンタカー屋さんに連絡をしておいてくださいね」と言われていたのでタクシーでレンタカー屋に向かうことにした。

その時、ぶつかって破損した電柱のある道を走ったのだが、すでに電柱は新品と交換されていてその早さにびっくりしたという。

そして印象的だったのが、その電柱にカラスが三羽止まっていたことだった。

Tさんたちは「呪われた電柱じゃないのか」と冗談で言い合っていた。

レンタカー屋に着いて状況を話すと「どこで事故をされたんですか?」と質問されたのでその場所を伝えた。

すると店員さんがはっとした顔になると店長のところへ行き、何やらコソコソ二人で話し込んでいる。

「どうしたんだろう?」と思っていると店長がやって来て「もう一度詳しく場所を教え

ていただけませんか?」という。Tさんたちは地図を使い、正確な場所を伝えた。

すると複雑な顔をした店長は「その場所は、去年、大学生が車で事故して、三人が亡くなったところです」と言う。

それを聞いたTさんたちは、先ほどの三羽のカラスを思い出して「まさかな……」と顔を見合わせたという。


翌年、そんなこともあって三人で行く沖縄旅行は話にも出なかった。

いつもなら沖縄に行っている九月、Tさんは、彼女とロフト付きのマンションで同棲をはじめていた。

ある日、彼女が朝からアルバイトに出かけていたが、自分には予定がなく部屋でゴロゴロしていた。

暇を持て余していたTさんはロフトに敷いた布団の上から一階に置いてあるテレビをつけて、ぼーっと画面を見下ろしていた。

ワイドショーで「今日は石垣島に来ています」と女性アナウンサーが話している。

それを見たTさんは「ああ、沖縄か……」と思い、なんの気無しにそのままその番組を見ていた。

すると、あれこれ話をしている女性アナウンサーの後ろに、三人の若い男性が立っている。

「地元の人が映り込んでいるのかな?」

と思っていると、カメラのアングルがどんどんその三人の男性たちに寄っていく。最終的には三人の男性の真ん中の人の顔で画面がいっぱいになり――

「やっと見つけた」

Tさんを真っ直ぐに見つめながら、男がそう言った瞬間、ハッと目が覚めた。

「あれ? いつの間に寝たんだろう」とTさんは不思議に思った。なぜかというとまったく寝た記憶がなかったのだ。

しかも、ロフトの上からテレビを見ていたはずなのだが、気がつくと下のローテーブルに突っ伏していたようだ。

そんなことがあった二週間後、Y君と遊ぶ約束をしていたので会った。

するとY君が憔悴した様子になっていて、こんなことを言う。

「俺さあ、二週間ぐらい前から身の回りで変なことが起こり出して……」

仕事中、明らかに人の気配があるのに目を向けると誰もいなかったり、エレベーターに乗ろうとすると中に人影が見えたのに乗るといなかったり、夜寝ていると金縛りにあったり、部屋に妙な煙が発生したり――毎日のように奇妙な現象が起こっているという。

それら怪異が始まった日が、Tさんが沖縄をレポートするテレビ番組の中の男から、「やっと見つけた」と言われた日と、ちょうど一致していた。

なぜかはわからないが、もしかすると「やっと見つけた」というのはY君のことだったのかもしれない。

その日会って以来、Y君とはまったく連絡が取れなくなってしまったという。

飛び降りた女性

今から二十年ほど前の年末のことである。

その日はNさんの住むマンションに友人二人が泊まりに来ていた。酒を飲みながら三人で談笑していたのだが、途中、酒が切れてしまったので夜中に三人で「コンビニに行こう」ということになった。

その翌日は年末の最終のゴミ回収日だったので、ついでにゴミ捨てに付き合ってもらうことにして三人で家を出た。ゴミを持ってマンション一階に降りる。

マンションの裏の駐車場を横切った先にゴミ捨て場があるのだが、駐車場に出ると敷地内で不自然に男性が二人立っていた。

その二人は地面を見つめている。

なんだろう？　と思い、二人の見つめる地面を見てみると女性が横たわっていた。「酔っ払いかな？」と思ったのだが、とりあえず同じマンションの住人だろうから「こんばんは」と挨拶してみた。

男性たちは寝間着姿で、挨拶をしたNさんたちに妙な顔を向ける。夜中に寝間着姿の男性二人と横たわる女性とは変な光景だなあと思ったが、よく見ると横たわっていた人の形が不自然だった。中年の女性が仰向けで横たわっているのだが、仰向けで寝ているとすれば普通は足の指が空に向かって上を向いているようなものだが、その女性の足は完全に横向きにぺたんと折れ曲がっていた。暗くてわかりづらかったが、出血もしているようだ。

Nさんは、これはただ事ではないと思い男性二人に「どうしたんですか？」と訊くと、二人で「ドン！　という音が聞こえまして……」と言った。「救急車はもう呼んだので大丈夫ですよ」とも言われ、Nさんたちはいまさらどうすることもできなかったので、そのまま会釈をするとゴミを捨てに行った。

年の瀬に大変なものを見てしまったなという空気の中、ワイワイする気にも当然ならず、その日はそのままお開きになった。

そんなことがあった一週間後。

正月も終わりNさんの仕事が始まった頃のこと。その日、仕事が早めに片付いたので午後早い時間にマンションに帰宅した。

玄関を開けて家に入った途端、違和感を覚えた。部屋中にゆらゆらと煙が充満しているのだ。一瞬、何が起こっているのか理解できなかったが「火事か？」と思い、慌てて部屋中の火元になりそうなところをすべて確認した。火が出ているわけではないようでほっとした。

改めてこの煙は——と思ってハッと気づいたのだが、線香のにおいがする。

それに気づいた途端、

「ああ……あの時の女性が亡くなったんだな」

と、なぜか確信した。

そこから数日経ったある日のこと。

とあるお坊さんに会う機会があったのだが「女の人が憑いているよ」と言われた。

Nさんはあの晩に飛び降りた女性を見たことと、部屋の中での怪異について話した。

お坊さんは話を聞いて言った。

「その女性、すぐには亡くなっていないよ」

あの晩、マンションの下で女性を見た時はまだ生きていて、部屋で充満した煙と線香のにおいがしたあの時に「亡くなったんだ」と思ったのはそういうことなんだな、とNさんは思った。

ちなみに、憑いているという女性は、お坊さん曰く「怒らせなければいい霊」とのこと。今のところNさんの身に特に悪いことは起こっていないのだが、一体何をすると怒らせてしまうのかわからず、Nさんはちょっと不安を払拭できずにいる。

わかる力

これはD美さんが学生時代に体験した不思議な話である。

D美さん自身は『怪奇現象』と呼ばれるものに懐疑的で、すっかり忘れていた話なのだが、筆者と話をしているうちに「そういえばこんな体験が――」ということで語ってくれた。

D美さんが中学生の頃、サラリーマンだった父親が失業した。

D美さんの家族は父、母、D美さんと妹の四人家族。父親の給料でギリギリ生活ができる水準の家庭だったが、突然の失業に生活が一気に苦しくなった。母親はパートに明け暮れ、D美さんは親に迷惑をかけまいと必死に振る舞い、妹もそれにならう生活となり、暮らしは大きく一変した。

そんな家族を見て、父親は再就職を何度も試みるが、四十歳を過ぎるとなかなかそれも難しく、今まで培ってきたスキルを活かし自分で商売を立ち上げることにした。

幸い父親の母、いわゆるD美さんの祖母が協力的で、背中を押すとともに出資をしてくれた。

祖母は、幼い頃病気がちで入退院を繰り返していた息子に対して、出来るだけ不足がないよう、勉強ができる環境を与えたり、本や雑誌を揃えたりするなど大変献身的な人だった。

なので「大変な状況だからこそ頑張りなさい」と、その時も前に進む一言をくれたこともあってか、父親の立ち上げた事業はみるみる軌道に乗り、二年後にはサラリーマンの時よりも随分と豊かな暮らしができるようになっていた。

ただ残念なことに、軌道に乗った頃には祖母は亡くなっていた。

父親は葬儀で「一番親孝行したい時にしきれなかったな」と悔やんでいたそうだ。

そしてD美さんは、高校に入るとともに家の心配がなくなった反動からか解放的になり、非行に走った。

帰宅時間は遅くなり家族ともあまり口をきかず、外で遊んでばかりいた。

唯一、妹とは同じ部屋で寝ていたこともあり仲が良かったので、時間が合えば話をしていた。

ある時期、妹が「私最近、金縛りにあうんだよね」と言い出した。

D美さんにはそういう体験はないので「疲れてるんじゃないの」と受け流していたのだが、何度もあるらしく「夜眠るのが怖い」と妹に泣きつかれてしまった。

D美さんはなんとなく「それっておばあちゃんが会いに来てるんじゃないの？」と言ってみた。「ああ、そうか」と妹も、姉にそう言われたことで納得し、少し安堵した様子だったので、D美さんは一件落着と思っていた。

すると今度はD美さんにも異変が起きるようになった。何かが見えるというのではないのだが「わかる」ようになった。

相手が思っていることや相手の環境などが、聞いても見てもいないのにわかってしまうのだ。

例えば友達から彼氏の相談をされるとする。彼氏の人柄や様子など聞いていないのにわかるので、「その彼ってすごくお礼を言う人だよね」と言って驚かれる。また職場の話を聞いているとその人の「プレッシャーに苛まれている」環境がわかるので、悩んでいることを言い当てられるようになった。

これが大変便利で、様々な場面に活かすことができる。D美さんは「この人ってこんな感じなんだ！」と発見だらけの毎日、かつ、もともと人の気持ちを汲み取るのが苦手なタイプだったが、このおかげで人と関わることができるようになった。

そんな調子なのが、不思議だけれどよかったなあと思ってD美さんは過ごしていた。

数週間後、妹と部屋で一緒になった時に、妹に「最近、金縛りどう?」と聞くと、相変わらずあるらしいのだが「祖母の存在だと思うとかなり心が軽くなった」と言う。

それは良かったけど「早く金縛りにならなくなるといいね」と伝えると、

「なんだか、何かを訴えかけられているような気がするんだよね。それを伝えたくておばあちゃんはずっと来てるんじゃないかなぁ」

と妹がしんみりとした調子で言った。

その瞬間、D美さんはその便利な力で、妹の言葉の本質が「わかって」しまった。

「家族に幸せになって欲しい祖母は、父親の仕事がうまく行ったが、それにより父の失業を乗り切ろうとしていた頃のような一家の団欒がなく、さらにD美さんの非行で両親は悲しい思いをしている」

そういった両親の思いのようなものが「わかる」力を通じて濁流のように心に流れ込んできた。

D美さんは今までにないほどに激しく泣いた。

そして妹にそれを伝えると「私がちゃんと夜に眠れるように、これからはお姉ちゃんも早く帰ってきて欲しいって、おばあちゃんが言っているのかも――」と言われた。

妹にそう言われて、D美さんは翌日から徐々に健全な高校生活を送るべく意識していき、食卓をみんなで囲む機会も増え、自然に家族の会話も戻っていった。

そして気づくと妹の金縛りはすっかりなくなっており、さらにD美さんの「わかる」能力も失われていた。

「祖母が安心してくれたのなら良かったけれど、あの能力は便利だったな」

D美さんはそう言う。しかしそれ以上に、人の気持ちをきちんと考えることで、あの能力以上に人のことは理解できる、ということに気づいていた。

人の気持ちを汲み取るのが苦手で人に流されやすかったD美さんに、祖母が亡くなってもなお教えたかったことだったのかなと思った、と言う。

首吊り現場

火葬場職員や葬儀屋などの職についていると、必然的に警察関係の方とも親しくなることがある。そんな警察の方から聞いた不思議な話である。

当時刑事であったKさんは、変死体が見つかったという報告を受け現場に向かった。向かった先は何の変哲もない二階建ての一軒家。そして変死体というのは首吊りの遺体のことであった。

当然のことながら、現場に着いてまず初めに判断すべきは自殺か他殺かである。今回は状況から見ても自殺であることは間違いないということで一見落着したのだが、その時Kさんには気になることがあった。

それは同僚で、同じ刑事のYさんのことである。

Kさんはいつも、現場で遺体を見る時には必ず手を合わせて拝むようにしている。それは遺体に対する敬虔な気持ちを忘れないようにするための、Kさんなりの儀式でもある。

だが同僚のYさんはいつも、頑なに遺体に対して手を合わせようとはしない。

Yさん曰く「神も仏もあったもんじゃない、俺たちは現実の中で生きているんだ」ということで、特別遺体に気を遣う必要はないというのだ。

Yさんの言い分もわからないでもないが、KさんはいつもそんなYさんの行動に少し寂しさを感じていた。

その日の首吊りの現場で、どうもYさんの様子がおかしい、とKさんは感じた。

Yさんは先ほどから遺体が首吊りをした部屋の中を行ったり来たりしていて、しかもその行動にあまり意味が感じられない。

「どうした？」

Kさんが訊くと、Yさんが、

「何か変な視線を感じる」

と奇妙なことを言う。それを聞いたKさんは辺りを見回すが、この部屋でYさんを見つめている者など誰一人としていなかった。

「気のせいだろう」

そうYさんに言った。しかし、ずっと天井から首を吊ってだらんと垂れ下がっている遺体を見ると、部屋の中を行ったり来たりするYさんの動きに合わせて、なんとなく少し揺れているような感じがする。

「まさかな」

Kさんは気のせいと思おうとしたが、遺体がYさんの方を常に見ているのだと感じたという。


そんなことがあってから数ヶ月後。

KさんとYさんは非番だったので、Yさんが運転する車でどこかに遊びに行こうということになった。

仕事の話や、まだ独身であるお互いの結婚の話、趣味の話など、他愛もない話をしながら車を走らせていると、Yさんが「ところで」と話を切り出してきた。

「どうした？」

Kさんが返事をすると、Yさんは言う。

「ちょっと前の首吊りの現場から、なんだかずっと、何かの視線を感じていて気持ちが悪い」

特に明確なものではないのだが、常に何かに後をつけられているような、ゆるやかなプレッシャーを毎日感じていて、ストレスが溜まっているということであった。

Kさんは「それは考えすぎだ」とYさんをなだめつつ、疲れているだろうしゆっくりしたらどうだろうとYさんに進言した。

「そうだなあ」

Yさんは言いながら車を停め、自動販売機に飲み物を買いに行くという。

「俺はコーヒーのブラックで」

運転席から降りるYさんに声をかけた助手席のKさんは、待っている間、車のバックミラーにぶら下がる人形のマスコットに目が行った。

ずっとそこにぶら下がっていたのに特に気にもしていなかったのだが、無意識にその人形を見ていると、まるであの時の首吊り自殺の遺体のように思えてくる。

しかもその人形は、自販機に向かうYさんを凝視しているように思う。戻ってくるYさんの動きに合わせて人形の向きが緩やかに動く。

「まさかな」

ふと我に返ったKさんは、Yさんにはこのことをわざわざ言わなかったそうだ。

ちなみにそれから数ヶ月後、いつの間にかYさんは遺体に手を合わせるようになっていた。

忘れ物

「こういうことがあるから、忘れ物をしたらだめだよ」

と、とある葬儀屋さんから聞いた話である。


今から随分前、もしかしたら数十年前かもしれない。

とある葬儀屋さんのJさんという方がいた。Jさんはこの道二十年のベテラン中の大ベテランで、皆からも大変慕われているそうだ。

Jさんは仕事で、亡くなった遺体のお守りをすることがあった。

そこの葬儀屋では、遺族からの希望があれば遺体を預かって安置する。その場合、安置用の部屋があり、その場合はご遺体を一人で放置するわけにはいかないので、必ず誰かが寝ずの番をすることになっていた。

それがその時はたまたまJさんだったのである。

亡くなったのは五十代半ばの男性で、喪主は奥様だった。

ご主人は病気で病院で亡くなり、Ｊさんは依頼を受けて病室に向かった。取り乱すほど悲しむ奥さんだけでは心もとないので、親族含めてその後の段取りや葬式のことを相談をした。憔悴しきった奥さんを連れて親族たちはいったん帰宅され、Ｊさんはご遺体を安置する部屋へと移す段取りをしていた。

そこに、三十代ほどの若い女性がスッと近寄り話しかけてきた。

「これをあの人の棺に納めていただけませんか？」

と言い、ハンカチで包まれた小さなものをJさんに手渡した。

親族の方だなと思い「かしこまりました」と、Ｊさんは自分のスーツのポケットにそれを入れた。

夜中の十二時を過ぎた頃、Ｊさんはそろそろ寝ようかと六畳の和室の部屋に座布団を敷き、仮眠を取ることにした。この部屋は宿泊ができる部屋で、小さなキッチンやテーブルや椅子などが置かれている。そしてドアを開けた横の部屋は洋室のようになっていて、遺体を安置してある。

Jさんは霊安室のドアをきちんと閉めているかもう一度確認し、明日も早いので仕事着のスーツを着たまま電気を消して横になり、ブランケットをかけた。

横になってほんの数十秒ほど、

「おい」

急に男性の大きな声で呼ばれた。

Jさんはその時点で気づいていた。

(これは人ではない)

なぜそう思ったのかはわからないが、Jさんは長年の経験からそう確信したという。

恐怖はもちろんあったが少しの煩わしさもあって、そのまま聞こえないふりをしてブランケットを頭まで被って目をつぶっていると、

「おい」

次はなんとブランケットの中で声が聞こえてきた。

Jさんは驚いて条件反射的に飛び起き、そのまま部屋の電気をすかさず点けた。

もちろん、この部屋には誰もおらず、しんと静まり返っているのみであった。

一体なんなんだ、とJさんが思っていると、ギィィと小さく音がした。

先ほど閉めたはずの霊安室のドアが、少し開いていたのであった。

恐怖もあったが、それよりも仕事としての責務の方が大きかったようで、すぐさま霊安室に入ってご遺体を確認する。

特に何も変わった様子はなく、安らかに眠っているようだった。

「そう言えば……」

ふとJさんはスーツのポケットに手をやり、病院であの女性から受け取った物のことを思い出した。

「これをあの人の棺に納めていただけませんか？」

あのハンカチに包まれていた小さな物。

ポケットからそれを取り出し、ハンカチを広げてみるとそこには指輪があった。

おそらくあの女性は愛人だったのであろう。そしてその証である指輪を男性のもとに返しに来たのだ。

Ｊさんはそっと棺の中にその指輪を納めたという。

もしかすると、Ｊさんに亡くなった男性が「おい、忘れているぞ」と言いにきたのかもしれない。

棺に入れるのはNG!

お別れの際、棺に故人の好きだったものや象徴するものを納める風習は日本全国大体同じようです。

その時に、納めてはいけない物、大丈夫な物があります。お葬式の経験のある方はご存知かと思いますが、一体なぜ納めてはいけないものがあるのかを説明します。

まず金属類です。これはなんとなくわかると思いますが、金属が溶けて大切な故人の骨にひっついてしまったらどうでしょう？　もう剥がすことはできません。骨にへばりついた金属を剥がすとしたら、骨を砕いて金属からこそぎ落とすくらいしか方法がないでしょう。

さらに火葬場の設備にもあまり良くありません。台にこびりついた金属はお骨上げ後に職員がヘラなどで取り除きます。その際にどうしても台が傷付いてしまうので設備の寿命に影響を与えます。

ガラス製品も納めてはいけないとよく言われるものです。

これも金属と同じで溶けて骨にひっついてしまうと綺麗に剥がすことは困難です。しかも金属よりよく溶けることが多いので溶けたガラスが台に大きく広がることもあります。

全国の火葬場の事故事例として、溶けたガラスが台と炉内の壁の間に入り込み、火葬が終わってお骨上げをしようとして台を引っ張るも、溶けたガラスが強力な接着剤の役割を果たしてしまいお骨上げができない……ということもあったそうです。

さらに、古いメガネはガラス製のレンズであることもあり、その眼鏡を故人にかけさせたまま火葬すると大変なことになります。遺骨の顔の部分にベターッとガラスが張り付き、一番良くないのは首の骨の上から二番目、第二頸椎である大事なのど仏にベターッとガラスが引っ付いてしまうと、手の施しようがありません。

一度、金属フレームでガラス製のレンズのメガネをかけたまま棺に納まっていたようでそのまま火葬したら、まるでウルトラセブンのように、ベターッと顔についていて……「アンタたちがこんなことするから！」と遺族さん同士で揉めていたことがありました。

おそらく葬儀屋さんの忠告を無視して遺族さんの一部の人たちでしたことでしょう。こういう不要な心配や争いを避けるよう、なるべくプロの意見は聞いた方がいいと思います。

ですが、同業者の立場として厳しい目で見たら、その担当した葬儀社の方は「アレは駄目コレも駄目」と言うだけではなく「なぜ棺に入れてはいけないのか」をしっかりと伝えるべきだったのではないか、とも思えます。

願い事

友人の女性のRさんは、かねてからMさんというバンドマンが大好きで、ライブがあれば日本全国どこへでもついていくほどであった。

どれだけ仕事が辛くても、どれだけ不安なことがあっても、RさんはMさんのことを想うだけで頑張れた。一人のファンとして好きだったのだが、次第にRさんには別の感情が生まれだした。

それは、ファンとしてではなく、一人の男性として想い焦がれるようになったのである。その想いは日に日に増していき、あまりの辛さに一時はライブに行ってMさんに会うことすらやめようかと思うほどだった。

そしてRさんは禁断の願い事をする。

「好きな人と結ばれますように」と願い事をすると叶うと言われている、関西にある、とある縁結びで有名な神社に詣でたのである。

Mさんと結ばれたい一心で、Rさんはそのように強く願った。

だが流石にそれは叶わなかった。願い事は所詮、願い事である。ファンと演者ではあまりにもかけ離れていて、実現することはなかったのだ。

そんな恋に焦がれていた頃から約二年ほどが経ち、Rさんには結婚を前提に交際を始めたKさんという男性がいた。

当時あれほど想いを寄せていたMさんへの気持ちは、すでに考えられないほど薄れていた。

Kさんとは仕事先で知り合った。不思議なほど相性が良かったようで、出会ってすぐに交際が始まった。二人とも急いで結婚はしたいとは思っていなかったので、そのうちに、もしくは、妊娠でもしたら結婚しよう、とゆるやかな婚約をしていた。

順風満帆に見えた交際だったが、付き合って数ヶ月した辺りからどうもうまくいかなくなってきた。きっかけは流産だった。妊娠がわかり、二人で喜んだのがつかの間、あっという間に流れてしまった。まだ妊娠の実感もわかないうちにである。

そういうこともあると医者にも言われ、気落ちはしたものの、次に妊娠したら結婚しようという話になり、またもすぐに妊娠したが、同じように流れてしまった。

そのあたりから二人の間がどうにもすれ違うようになる。

Kさんと会おうと約束をすると、その日に限ってRさんは熱を出すようになる。

流産のこともあったので心因的なこともあるのかもしれないとは思われたが、毎度毎度Kさんと会う日に限って熱を出し予定をキャンセルするうちに、Kさんも「そんなに僕のことが嫌なのか」という感じになってきた。

ある日、とうとうKさんが別れ話を持ち出した。

Rさんは必死になって「お願い！　もう少し待って！」とKさんに懇願した。

実はRさんにはもしや、という心当たりがあった。それは、あの神社である。

縁結びで有名な神社なのだが、その分、祟りがあることでも有名であった。その祟りの原因というのが「願った相手以外の人と付き合うと不幸になる」というものであった。

そういえばあの神社にMさんとの縁結びをお願いした日から、まったくお参りをしていなかった。それが気がかりだったのである。

Rさんは慌ててあの神社へ向かうことにした。


午前中に家を出て、神社の最寄り駅に着いたのは昼の二時頃。

ホームに降り立ってRさんは地図アプリで神社への道を確認していたその時、

「あれ？　Rさんじゃないの？」

と声をかけられた。顔を上げて相手を見て、Rさんは呆然となった。

あの、大好きだったバンドマンのMさんが立っていた。

あまりの出来事に一瞬固まったRさんだったが、これまでの不安やいろいろな感情が一気に押し寄せ、その場で突然泣き崩れてしまった。

びっくりしたMさんは「と、とりあえず駅の喫茶店に！」とRさんを連れて、先ほどから感じる周りの視線から逃げ出すように喫茶店へと逃げ込んだ。

椅子に座り、しばらくしてRさんは少し落ち着いた。

「ほんと久しぶりだね、でも、どうしたの？」

Mさんの問いに、Rさんはこの二年間の出来事をMさんに打ち明けた。

実はあの神社で、Mさんと結ばれたい一心で願い事をしたこと。そしてその後、Kさんという男性と交際したがうまくいかないこと、もしかしたら祟りかもしれないこと、神社にもう一度お参りをするためにここへ来たこと——。

そんなRさんの話を茶化すことなく「うん、うん」と聞くMさんを見て、Rさんはとても心が穏やかになったという。

「よし！　一緒に行こう！」

Mさんが突然言い出した。

「え？　で、でも……」

そう言うAさんの言葉を遮って、

「だって、一人じゃ心細いだろうし、俺にも関係があるんだったら二人で、ごめんなさい、もう大丈夫ですって、謝りに行こう！　そしたらきっと大丈夫だよ！」

それを聞いたRさんはまた号泣し、Mさんはオロオロすることになった。

そして神社に向かった。

二人は、手を合わせ「ありがとうございました」という感謝の気持ちと「もう大丈夫です」という報告をして、「またどこかで」と短い挨拶をして別れた。

それから三年が経とうとしている。

Rさんは Kさんと結婚し、子どもが生まれた。

神様へのお願い事は、こちらの都合ばかりで軽く扱ってはいけない。間違いを犯すと大変なことになる……という一つの例なのかもしれない。

神様からのお釣り

これは二十年以上前、友人のＪ君が小学生の頃のことだ。

学校の夏休みを利用して家族旅行で島根県に行った。

島根の観光地の一つ、石見銀山では、中に入ると薄暗くひんやりしており子どもが入るといかにも『怖い』と感じそうなスポットであったが、Ｊ君は楽しくて大人と同じペースで進んでいった。

「涼しいね」などと言いながら進む彼に両親は「Ｊは怖がらないんだな」「もう立派なお兄さんだな」などと嬉しそうに微笑んでくれる。

その夜は、ホテルで温泉に入りご飯を食べるともう九時。たくさん歩いたＪ君は布団に入るやいなやすぐに眠りについた。

翌朝は早い時間から朝食を済ませ、出雲大社に観光に向かった。

出雲大社には大きなしめ縄が祀られており、そのしめ縄の切れ端にはお賽銭だろうか、大量の小銭が挟まっていた。

前日に「もう立派なお兄さん」と言われたことを得意げに思い、J君は自分の持っていた百円玉をその大きなしめ縄の切れ端に向かって投げた。

子どものわりに背の大きかったJ君だが、高いところにあるしめ縄にお金が突き刺さるように投げるのは至難の技だったようである。

しかし、何度か投げているうちに手応えがあり「よし！」と叫んだ。先を歩いていた両親がJ君の行動に気づき、慌てて、お賽銭はここに刺すものではない、賽銭箱にちゃんと入れなさいと怒って言った。

怒られてしまいしょんぼりしたJ君だが、そこは子どもで、さっき自分が投げた百円玉がちゃんと突き刺さったのかが気になって仕方がない。お金を投げたあたりのその下を確認しにいくと、銀色の小銭が落ちていた。

刺さらなかったんだと残念に思い、拾いにいくと、それは五十円玉だった。神様からお釣りが来たような気がしたので、J君はその五十円玉をポケットにこっそり入れて持ち帰った。

その後、自宅に帰って残りの夏休みを満喫していたJ君。

朝、鏡に映る自分の顔を見て「?」となった。というのも、おでこが腫れているのである。虫刺されなどのようなものではなく、どこかにぶつけたようで、打撲の痛みすらあった。

変だなぁと思ったが特に気にしないでいた。しかし、毎朝起きて手をやると、やはりおでこは腫れているようで痛みもある。原因がわからないので、だんだん怖くなってきたが、親にはなんだかカッコ悪い気がして言えなかった。

そして夏休み最後の週、久しぶりに祖母が家に遊びにきてくれた。

祖母は大変気さくな人で、J君のことをとても可愛がっていたし、J君も祖母のことが大好きでなんでも話をしていた。なので、

「変かもしれないけれど、最近知らないうちにおでこをぶつけているみたい」

両親に言えなかったことを伝えると、祖母は変じゃないと真剣に話を聞いてくれた。

「じゃあJ君、今日は一緒に寝ようか」

そう言ってくれたので、久しぶりに祖母と寝ることになった。

J君は一人っ子だったので子ども部屋があてがわれており、その部屋でベッドで寝ていた。祖母はベッドの横に布団を敷いて寝ることになった。

朝を迎えて目が覚めたJ君のおでこは、前日までのようにぶつけた様子がなかった。

「おばあちゃんが一緒に寝てくれたから大丈夫だったんだね」

と声を上げると、祖母が眉をひそめて言った。

「J君、昨日のこと覚えてないの？」

J君には、まったくなんのことかはわからなかった。

祖母が言うには、夜中の二時頃、急にムクッと起き上がったJ君は、自分の勉強机に座ると、机に突っ伏すようにゴチン！　ゴチン！　と何度も何度もおでこをぶつけ出したという。

目が覚めた祖母がびっくりしてJ君を机から引き剥がし、布団に入れると体をさすって寝かしつけたそうだ。

自覚はまったくなく、あまりに不思議な出来事だったが「机」と聞いてJ君はギクッとした。出雲大社でこっそり持ち帰ってきた五十円玉が、机の中に入れてある。神様からのお釣り、そう思うとなんだか嬉しい気持ちになって、お守りがわりとして仕舞ってあったのだ。

その話を恐る恐る祖母にしたところ「すぐにそのお金を返しに行きましょう」ということになった。

祖母曰く、神様に一度お納めしたものを持ち帰ることは、大変罰当たりなことだというのであった。場合によっては、大きな不幸が訪れるとも言われているらしい。

J君は震え上がった。

祖母はそんなJ君に「お返ししてちゃんと謝れば神様は許してくれるから大丈夫」と教えてくれた。

出雲大社には行けないので、近所の神社へお参りし、賽銭箱にお金を返して神様に謝った J 君。

帰り道にシロツメクサがたくさん咲いている草むらがあり、祖母が「きれいね」と言うので J 君はうれしくなった。

自分の心配事を解消するのに協力してくれた優しいおばあちゃんに喜んで欲しくて、J 君は四葉のクローバーを探した。

するとあっという間に、見つけることができた。嬉しくなった J 君は木陰で休んでいたおばあちゃんに渡すと、おばあちゃんも『じゃあ私も見つけようかしら』と言い出して、二人で四葉のクローバー探しを始めた。

いっこうに四葉のクローバーを見つけられない祖母は『すごいわねぇ、よく見つけたね』と声をかけると、J 君はさらに三つもの四葉のクローバーを見つけて大変仰天したという。

そしてそれ以来、J 君がおでこを腫らすことはなくなったという。

大人になった J 君にはこの記憶はほとんどなかったそうで、祖母が思い出したように話してくれたことでうっすらと記憶が蘇ったという。

四葉のクローバーのくだりは、当時を振り返った祖母が、お金をちゃんと返すという善行をしたことでJ君に神様が『もう大丈夫だよ』と言っている気がした、と教えてくれたとのことである。

借りたゲーム

これはT君から聞いた話である。

T君が中学校の頃、友人のM君と仲が良かった。M君はどちらかというと少し変わり者で、なかなかまわりとスムーズに打ち解けられない少年だった。

例えばみんなが好きなアニメはあまり見ないで、自分の好きな古いマンガや本を勧めてきたりする。ユニークではあるが、なかなか子どもとしては受け入れがたい存在であった。

T君は、M君を変わり者だなあと思いながらもその独特の感じが好ましいのと「コンピューターが好き」という共通点があり仲良くなった。パソコンゲームが流行っており、ゲームの貸し借りをしたり、一緒に攻略をしたりするなど多くの時間を一緒に過ごした。

しかし、中学校を卒業すると別々の高校に入学したことで疎遠になってしまった。

T君が十八歳になった頃、同じ小学校の仲間たちと集まる機会があった。同窓会というほどの大人数ではないが、T君含めて旧友八人で食事をした。

小学校卒業から数年経っただけなのに、人は生きているとやはり色んなことがあるなと驚かされる出来事がそれぞれにある。親が離婚して金銭面で苦労したり、身近な人が亡くなってしまったり、事故で大きな怪我をしたなど、それぞれが様々な出来事を体験していた。

そんな事故の話題が出た時に、旧友の一人が「そういえばMと同じ中学だったな？友達だったっけ？」とT君に唐突に聞いてきた。

小学校から中学校は地元の人間はほとんど変わらず一緒だ。

T君は「中学の時は仲良かったけど、卒業してから全然会ってない。Mがどうした？」と訊くと、

「なんか噂なんだけどさ。M、バイク事故で亡くなったらしいぞ」

T君がびっくりしていると旧友は、

「いや、噂だから正直わかんないんだけど」

と言う。すると別の旧友Kが言った。

「あ、俺んとこの家に最近、Mから電話かかってきたよ」

なんだ、やっぱり噂だったんだと、全員がホッと胸をなでおろした。

「あいつ変わり者だから、よく思ってないやつもいたりして、そんな噂が流れたんじゃないか」という話になった。

「確かにあいつ、ホント変わってるよな。その時の電話もさ『お前にゲーム借りてただろ』って話だったんだよ。でもそのゲームってすごい前のパソコンのゲームだから『いや、もういいよ。処分しといてよ』って返事したんだけど、返す返すって聞かないんだよ」

Kはそう言って「やっぱりMは変なやつだなあ」と笑った。

という話でその日は解散した。

数日後、T君はばったりKと会うことがあった。立ち話もなんだからと喫茶店に入り談笑していると、この前の集まりの話から再びM君の話題になった。

「またMから連絡が来たんだよ」

そうKが言う。聞けば、どうやらあれから何度も電話がかかってきているらしい。しかも電話がかかってくるのは、Kしか家にいない時ばかりである。

Kは実家に住んでいるので、Kしか家にいない状況というのは非常に珍しい。狙ったようにそのタイミングで電話がかかってくるので、もしかしたら監視されているのかと不安になっているという。

さらに、電話の内容は「ゲーム借りてただろ」ってことばかり言ってくる。話題を変えようと「そういえばお前、バイクで事故したんじゃないのか」と言おうとした。それが「そういえばお前バ」まで言った瞬間、電話が切れてしまったという。

「それでちょっと不思議なのが――」とKが続ける。

「Mが、うちの家の電話番号を小学校の時の連絡網から引っ張ってきたのかと思ってたんだけど、よく考えたら俺、高校の時に引っ越しをしてて、昔の連絡網の番号はもう使えないはずなんだよ」

「なんだか気味が悪いな」と話しながら帰路についた。


その後、成人式を迎えたT君はいつもの旧友と集まった。

そこにKの姿がなく「あれ？　Kは？」と訊くと全員が連絡をとっていなかった。

当時、社会人だったKは、もしかしたら仕事の都合で来られなくなったのかもと話をしていたのだが、後日またみんなで集まった時に聞かされたのが「Kは事故で亡くなった」ということだった。成人式の半年ほど前のことだったという。

それを聞いてT君は引っかかることがあった。

半年ほど前からT君が一人でいる時に限り、家の電話が鳴るのだ。どうも、Kが亡くなった時期とちょうどタイミングが一致する。

そして、その電話を取ろうとしたらいつも切れてしまうのだ。

T君の脳裏に、Kが言っていたMからの電話のことが浮かんでいた。

T君は「Kにゲームを貸したまま」だった。だがそんな古いゲームのことは、お互いにもうどうでもよくなっていることのはず。だが——。

消息不明のM君がKに「ゲームを返す」と電話をしてきたように、今は亡きKが同じ内容の連絡を自分にしてくる——。

「そんなことあるわけない」

そう思ってはいるけれど、今でもT君が一人の時に電話が鳴ることがあるという。

もちろん、ワンコール以上鳴ってからしか電話に出ることはないそうだ。

ロックオン

これは僕の知り合いのIさんから聞いた話である。

Iさんは大学生の頃、日本の太平洋側に浮かぶ小さな島で暮らしていた。

その島には島民の間では有名な、とある廃墟があった。有名と言っても、心霊的な意味ではなく、ただ単にそこに廃墟があるということを島民は皆知っているという意味だ。それだけ小さな島だったということであろう。

そしてその廃墟は山の上にあり、もともとはパチンコ店だったという。

山の上にパチンコ店の廃墟があると聞くと、どうも不思議な感じがするが、話を詳しく聞くと当時は山の上まで栄えていたという。

だが時代の流れもありどんどん寂《さび》れていった結果、山の上の大きなパチンコ屋さんの建物だけが朽ちてなお残り、ひっそりと佇むことになったという。

ある日、Iさんの同級生のEさんがこんなことを言い出した。

「俺、今度あのパチンコ屋の廃墟に夜、写真を撮りに行くんだ」

Eさんは根っからの廃墟マニアであった。日本全国様々な廃墟を写真に収めてはそれを発表したり、コレクションしたりしていたそうだ。

そして自分たちの住んでいるこの島のパチンコ屋の廃墟も、もちろんEさんは何度も訪れていたのだが、今度は夜の姿をカメラに収めたいと意気込んでいた。

「まあ、気を付けろよ」

とIさんは軽く忠告し、Eさんとの話は終わった。

その夜、Iさんが実家のベッドで寝ていると、枕元に置いてあった携帯電話の呼び出し音が鳴った。

「誰だ、こんな時間に」

と思い携帯の画面を見るとEさんからの着信だった。

どうしたんだろうと電話に出ると、Eさんがものすごく焦っているような声でIさんに訴えかけてくる。

「やばい！　やばいって！」

Eさんの恐怖する声色と、そして後ろの方で聞こえる大きな足音——どうやらEさんは走って何かから逃げながら自分に電話をしてきているようだ。

「どうした？　大丈夫か？」

Eさんに話しかけたが返事は、

「やばい！　本当にやばい！」

と要領を得ないものであった。

「何があったんだよ？」と、再び説明を求めるとEさんは息絶え絶えに答えた。

「俺……ロックオンされた」

それを聞いたIさんは「はい？」とおもわず口に出したのだが、Eさんは、

「俺、ロックオンされた」

と同じことを繰り返すばかりだ。

皆さんも想像して欲しい。深夜二時過ぎである。友達から急に電話がかかってきて何事かと思えば「ロックオンされた」と言われる。まったくもって意味不明である。


Iさんは、その意味不明な言動とこんな変な時間に起こされた苛立ちもあり「ロックオン？　どういうこと？」ときつめに質問すると、Eさんの言うには次のようだった。

つい一時間ほど前、Eさんは一人で廃墟のパチンコ店に向かうため山の中に入ったという。そしてほどなくして廃墟にたどり着き、暗がりの中で写真を撮っていた。

そしてその廃墟の内部の一番奥に踏み込んだ時、妙なことが起こったという。

「ウィーン、ガシャ、ウィーン、ガシャって音がしたんだよ！　俺、ロックオンされたんだよ！」

Eさんは興奮しながらそう説明をした。Iさんは呆れて、

「もういい、わかった。とりあえず明日聞くから」

と携帯を切って、そのままもう一度眠った。

次の日の夕方、IさんとEさんは共通の友人のTさんと三人で落ち合った。そしてIさんは再びEさんに聞いた。

「で、昨日のあの電話はなんだったの？」

するとEさんはやはり、昨日言ったそのままのこと「ロックオンされた」と語り出した。その話をきいたTさんがゲラゲラ笑っている。

「本当なんだって！」

EさんはTさんをすごい剣幕で睨みつけた。その様子を見たIさんはこう提案した。

「わかった。じゃあ今晩、三人で行こう」

Eさんがギョッとした表情をして言う。

「いや……本当にやばいよ」

Iさんの提案を心底嫌がっているようだったが、そのIさんの提案にかぶせるようにTさんもけしかける。

「行こうぜ！　三人いたら怖くないでしょ！」

自分の話を二人にまったく信じてもらえない、という気持ちもあったのだろう。Eさんはしぶしぶ「よし、じゃあ今晩行こう」とIさんの提案に賛成することにした。


そしてその夜、昨晩と同じ時間帯に三人は山の中へ入っていった。

とはいえ真っ暗な山道である。

IさんとTさんはそれだけでも大分恐怖を感じていた。だが、こういうことに慣れているのかEさんは意外にも「こっちこっち」と言って二人を先導した。

あれほど怖がっていたはずなのに。

Eさんの様子に、他の二人は違和感を覚えながらも、そこまでEさんを怖がらせたものの正体を絶対に突き止めてやるという気持ちでいっぱいだった。

そしてパチンコ屋の廃墟にたどり着いた。E君を先頭におそるおそる三人とも廃墟の中へ入っていく。中にはさまざまなものが散乱しており、もう動くことのないであろう古いパチンコ台が静かに三人を見守っていた。

そして廃墟の一番奥に差しかかった時、Eさんがピタッと止まり小声で、

「ここだ……」

と呟いた。Eさんの後ろにいた二人はその動きに合わせるように動きを止め、耳を澄ませて周りの様子をうかがった。

十秒……二十秒……経っただろうか。

特に何の変化もなく静寂が暗闇に包まれているようだった。

「何もないじゃん」

Iさんが呟いたその時——

ウィーン、ガシャ！　ウィーン、ガシャ！　ウィーン、ガシャ！

三回、奇妙な音が響く。三人に向けて放たれたと思った瞬間、誰かが叫んだ。

「俺たち、ロックオンされてる！」

三人は揃って「ギャ——————!!」と絶叫しながら走ってその場から離れたという。

この話をIさんから聞いた時、僕は笑ってしまった。

それはIさんが初めてEさんから聞いた時と同じようなリアクションだったのだろう。

その態度を見たIさんは必死に訴えた
「マジなんです！　本当に俺たちロックオンされたんです！　本当に怖かったんです！」。

「ウィーン、ガシャ！」という音も、そもそもがこの音が「ロックオン」だと認識する
……というのは些《いささ》か古めかしいような気もする。

しかし、Iさん曰く、その場にいたら必ず「ロックオンされた」と感じるという。

いつかその廃墟に行ってみたいものだ……。

しきたり

世界中には、奇妙なしきたりや奇怪な風習など、数え切れないほど存在する。

そして日本国内にもそういったものはもちろん存在し、中でもとても限定的な規模の小さいしきたりも存在する。つまり、地方でもなく地域でもなく町でもなく集落でもなく、家族内のしきたりである。

その一家は、とある西日本の田舎に居を構えている。

この話をしてくれたのはMさんという女性である。

Mさんは現在、東京で一人暮らしをしているのだが、幼い頃に体験した実家の奇妙なしきたりの話を教えてくれた。

Mさんがまだ小学生だった頃、原因不明の高熱に悩まされたことがあった。近くの病院で診察をしてもらっても原因がわからず、都会の大きい病院に連れて行かれたが、それでもまったく熱は下がらなかった。

原因は何なのだとMさんのお父さんとお母さんは頭を抱えていたそうだが、一つ思い当たることがあった。それは一家のしきたりのことである。

この一家は、大きな平家の一軒家で、広い畑、竹林、牛舎などを有する広大な土地を持っていた。

そしてその広大な土地の中には、守らなければならないと言い伝えられている井戸が存在していた。その井戸は一つではなく、三つあるのだという。

また、井戸を守るための御神木が井戸一つに対し二本ある。要するに三つの井戸があるので合計六本の御神木が祀られていた。

三つの井戸と御神木は、広大な土地の中にバラバラに位置し、ゆえに守るためのしきたりを行うのも大変だったという。

しかし、しきたりを守らなければ怪我や病気、他にもさまざまな災難が一家を襲うと伝えられていた。

幼いMさんの原因不明の高熱は、もしかしたら井戸のせいではないだろうかと両親は考えていた。

そこで両親が「先生」と呼ぶある高齢の男性の元へ相談をしに行った。

すると先生は「Mさんを連れてくるように」と言い、お祓いをすることになった。

両親に連れられたMさんが先生のところ行くと、仏の絵が描かれたような掛け軸を見せられ「どういう風に見える?」と聞かれた。

その時Mさんに見えたものは、掛け軸の仏の顔の目のところがくりぬかれており、その奥から真緑の眼がMさんを睨んでいたという。

それを伝えると先生は「そうか……」と言い、Mさんを正座させると何か念仏のようなものを唱え出した。

「じっとしていなさい」と先生に強く言われ、怯えたMさんは何度も両親の方を振り返ったのだという。

そしてお祓いが終わると、不思議なことに先ほど見えていた掛け軸の仏の緑の目がな

くなっている。そして先生は、

「御神木が弱まっているかもしれない」

と言ったのだという。直ちに両親は、六本ある御神木の様子を見に行った。

するとそのうちの一本が、先日の台風の影響で半分傾いてしまっている状態だったという。これが原因かもしれないということで、その御神木の修繕を大々的に行うと、みるみるうちにMさんの体調は良くなり、数日ですっかり元気になったという。

そんなことがあってから数週間後のある日、父親が家の中でMさんの写真を撮るということがあった。

特に記念日でもなんでもなかった。新しいデジタルカメラを買ったとかそういうことだったのかもしれない。

広い部屋で撮ろうと仏間に行くと、母親がニコニコと見守る中、父親はMさんに向かってカメラのシャッターを押した。

カメラのシャッター音が鳴ると同時に「え?」という父親の声が聞こえた。

母親が「どうしたの?」と父親に近づいてカメラの画面をのぞき込むと、二人して神妙な面持ちになった。

仏間には先祖代々の写真が壁にかかっていて、それがMさんの背後に写り込んでいる。しかし、その先祖たちの表情が何やら強張っているようで、いつもと違うように見える。そして父親はシャッターが下りた瞬間、画像の中の先祖たちの目が一瞬、いっせいに緑色に光ったのを見たという。

父親は数週間前にMさんを連れて行った先生のところでのことを思い出した。

「これはまだ解決していないのかもしれない」

そう思い、再び先生に相談しに行った。

だが先生は、今回は何が原因かわからないと頭を捻ったという。だが数日後、先生から一本の電話が入った。

「家の裏庭あたりをよく調べてくれませんか？　どうもそのあたりが気になるんです」

早速、父親は家の裏庭を調べてみた。いつものごとく、特に何も変わりはない。

あきらめて地面に座りこんでいたところ、目の隅に、今まで気づかなかった違和感を得た。

雑草が生い茂っていて気づかなかったのだが、どうやら裏庭の一部の地面がうっすらと盛り上がっている。その部分を調べると、明らかに人工的な四角い石が埋まっているのを発見、掘り起こしていくと――。

「これは……井戸だ」

先生に新たな四つめの井戸があったことを報告した。

先日の台風は、御神木を傾かせるばかりでなく、今まで完全に埋まっていて知られていなかった井戸の存在を出現もさせたのである。

他の三つと同じように、四つ目の井戸も丁寧に祀られたという。

先生曰く、その井戸は他の井戸よりもとても強力なのだという。

その井戸を鎮めるために御神木の苗を三本植えたそうだ。

それ以来、妙なことは起こらなくなったが、Mさん曰く、

「その三本の御神木なんだけど、普通の樹の三倍くらいの異常な速さで成長してるんだってさ」

彼女の実家で今も続いている話だそうである。

とある旅館

旅行先の旅館は楽しいものだ。知らない土地でさまざまな出会いがあり、そして美味しいご飯に気持ちの良い温泉は格別だ。しかし、そんな楽しい雰囲気も時にはガラガラと音を立てて崩れ去ることがある。

十年前、当時大学生であった女性のKさんの話。

大学の夏休みに大勢でとある島の古い旅館に合宿に行ったそうだ。

その旅館の古さたるや、それこそ文化財のようで当時大学生だったKさんには〝貴重なもの〟というよりは、どこか薄気味悪いような感覚だった。

大学の友達と海で遊び、おいしいものを食べお風呂も済ませてそろそろ就寝時間だという頃、当時の大学の先輩が「どうも変な扉があるぞ」と言って廊下で数人集まって盛り上がっていた。

特に理由はないが、その先輩たちの様子をKさんも遠巻きで見ていた。

その変な扉というのは、他の部屋の扉とまったく同じような作りで特に違和感はないのだが、問題はその位置だ。

どう考えてもその扉の奥には部屋を作るスペースがない、そんなところに扉が設置されていた。

確かにどうにも違和感のあるこの扉を、先輩が「開けてみようぜ」と言い、とうとうその扉を開けてしまった。

すると扉の向こうから生暖かい風がブワッと押し寄せてきて、さらにその空間にはものすごく古い木製のとても急な階段が上に続いていた。

これは理解に苦しむことであった。なぜならここは最上階のはずである。

屋上に行く階段は他にあるので、いったいこの階段はどこに続いているのかまったくもって不明であった。

そして先輩が肝試しのような感覚で、その階段のある狭い空間に入った瞬間「うわっ」

と声を上げた。どうしたんだ、と皆がその空間の中を覗き込むと、その空間の壁には何十枚、いやもしかしたら百枚を超えていたかもしれない。どういう意味かはわからないがお札が、ベタベタベタベタと至るところに貼られていたのだ。

だが、当時のその先輩はさらに階段を上り奥まで行ったという。そしてその先輩は次の日旅館の人に「あのお札はなんですか？」と聞くと「ああ……あれね、あれは商売繁盛ですよ」と曖昧な答えが返ってきた。

そして十年後、Kさんはこう語ってくれた。

「先輩が階段を上って奥まで行ったんですけど、その時何があったんですかって聞いたんですよ。そしたら先輩、覚えてないって言うんです」

この話を聞き、この旅館にとても興味が湧いた僕は、オカルトコレクターの田中俊行氏と共に、Kさんから当時の状況を詳しく取材し、ついにその旅館を見つけることができた。そこで二人でこの旅館に行ってみることにした。

とある島のとある旅館。

ここはそれほど有名ではないが観光地となっており、島だけあってとても景色もよく気持ちの良い場所だった。

そして該当の旅館に車で着いた時、確かにその古さに驚いた。だが、僕としては気味の悪い古さというよりは、歴史がありとても風情のある旅館だという印象であった。

旅館に入り、中を見渡すと外観よりもさらに趣のある内装でさまざまな骨董品や置物が、そこら中に所狭しと飾られていた。

本当にものすごい量である。

旅館の人に部屋を案内され、客室に入ると畳の間の和室であった。旅館の方に「お風呂でもどうぞ」と勧められていたが現在夕方の五時。まだお風呂に入るには早いかなという気持ちと、それよりもKさんに教えてもらった謎の扉の存在が気になってすぐさま二人で旅館の中をうろうろと探索し出した。

探索しながら重ねて思ったのだが本当に骨董品や絵画などがたくさん飾られておりその数は尋常ではなかった。この旅館の創立者なのか、それともその後継者なのかはわからないがよほどの骨董マニアだったのだろう。

旅館の最上階にその扉があると聞いていたので、最上階の長い廊下を歩きながら探索した。客室の扉が廊下にずらっとたくさん並んでおり、そのどれもが同じ扉である。だが、下に向かう広い踊り場の階段があるところに、客室と同じ形の扉があった。よく見るとその扉の奥は部屋などのスペースを確保できそうもない。

「たぶん、ここじゃないか」

二人でこの扉であることを確信し、そしてゆっくりと扉を開けた。その時扉の立て付けが悪かったのか「ギィ……ガタッ……ガタガタ」と大きな音が響いた。

するとその瞬間「タッタッタッタッタッ」と誰かがこの階に早足で上ってくる音がした。すかさず扉をサッと閉めた。

「お風呂はあちらですよ」旅館の中年の女性が声をかけてきた。

これは明らかに警戒されている、と感づいた我々は「あ、あっちなんですね」となんとか誤魔化しつつその場を離れた。

そして一旦部屋に戻る。

「扉を開ける音を聞いて、階段を駆け上って声をかけてくるのって不自然だよな？」

二人は共通の違和感を話し合った。

「明日また調べてみよう」

その日は旅館のおいしい夕食に舌鼓を打ち、夜の九時頃には疲れていたのか二人とも布団に横になった。僕はいつの間にか眠ってしまっていたようだ。

何時間経ったのだろう、急に目が覚め、上半身を起こした。

今何時だろう？　と思い、手元のスマホで時間を見ると深夜三時であった。

ふと隣に目をやると、なぜか田中氏も上半身を起こして僕を見つめていた。

「どうしました？」と訊くと「いや……なんでもない」と言い、そのまま二人とも横になった。

同じタイミングで目を覚ますなんて奇妙だなあと思いつつも、その時は特に何も気にしていなかった。

次の日、朝食を終えた後に再びあの最上階の扉の前に立った。

昨夜とは違い、今は日差しがあるのでおどろおどろしさは薄れていたものの、やはり異様な光景である。そしてゆっくりとその扉を開けた。

「ギィ……」

音はなったが昨夜の反省を活かし、ゆっくりと開けたことによってそこまで音が響き渡ることはなかった。そして中を覗くと本当にKさんの言った通りだった。

中には、上へと続くとても古い木製の急な階段が続いており、長年使われていないのだろうか、少し黴臭かった。

中に入り見てみるとKさんの言う「大量のお札」というのは一枚も見当たらなかった。しかし、よく見るとどうやらすべての壁の壁紙を随分前に剥がしたような跡がある。床には壁紙の残骸がボロボロとたくさん落ちていた。

憶測ではあるが、おそらく大量のお札を壁紙ごとすべて剥がしたのであろう。

すると田中氏が「階段を上ってみようか」と言い、上り始めた。

その階段はとても急でしかも狭く、必然的に田中氏だけが上がっていった。

しばらくして戻ってきた田中氏に「どうでした?」と聞くと「何もない。けど何のためかわからない部屋がある」と言った。

それを聞き、自分も見てみようと階段をゆっくりと上ると、そこには一室の部屋があった。その部屋は床も壁も天井もコンクリートで作られており、そしてすべての壁紙は剥がされたようでそこら中にゴミが散乱していた。

確かに何のための部屋なのか、まったくわからなかった。

だがなんとなく「ここに何かを祀っていた……？」という漠然とした考えが不思議と二人の中で一致した。

こうしてKさんから聞いた旅館の真相の半分は解決、そして半分は闇の中というわけだが、実は後から聞いたのだが、田中氏はあの晩、不思議な体験をしていたという。

夜寝ていると隣の部屋か、もしくは天井？　から女の人のような、子どものような誰かの話し声が聞こえたという。そしてそれに気づいて目を覚まし上半身を起き上がらせたところたまたま僕も起き上がっており、不思議に思ったという。

ちなみに僕はこの時、何も感じておらず、たまたま田中氏が同じタイミングで起き上がっていて、不思議だなあと思っていた程度である。

しかも奇妙なことに、その日のお客は我々二人と、男性三人のもう一グループのみであった。女性や子どもの声などするはずは決してない。

そこから導き出される二人の推測はこうだ。

実は十年前の旅館の人が言った「商売繁盛のためのお札」というのはあながち間違いというわけではなく、もしかすると座敷童を封じ込めていたのではないか？　という説だ。

座敷童というのは訪れるとその家に富をもたらすという。だが座敷童が一旦離れてしまうとそこから一気に貧しくなるという大変恐ろしい側面も持っている。

ということは、この旅館のあの部屋というのは、もしかすると座敷童を閉じ込めるためだったのかもしれない。

さらに想像を逞しくすれば、もしかすると座敷童に準ずる呪物のようなものを祀っていたのではないか。

確かにこの旅館は膨大な量の骨董品を集めている。その中でそういった呪物を祀っていたという可能性は確かに否定できない。

そして旅館の方は口々に言っていた。

「昔はものすごく人が来てたんだけどね……」と。

もしかすると今現在はもういなくなってしまい、そうなっているのかもしれない。どちらにせよ検証したところ、大量のお札は現在はなかったもののKさんの話は間違いないと確信しつつ、人の欲望や悲しさに少し触れたような気がした今回の旅であった。

時代を超えて

Hさんは当時十歳、小学生の女の子。そんな彼女にあることが起こった。

父方のお祖母《ばあ》ちゃんが亡くなった。

毎年の夏休みと冬休みには両親に連れられて、必ず田舎のお祖母ちゃんに会いに行っていた。行くたびにおこづかいを貰い、普段なら怒られるようなワガママもお祖母ちゃんは聞いてくれた。大好きなお祖母ちゃん――。

「もう、お祖母ちゃんは甘いんだから」という母もどこか嬉しそうな感じで、その日ばかりは同じように、いつもより甘えさせてくれた。いつまでも続くと思っていた日常が、急に変わってしまったのだ。

「人は必ず死ぬ」ということを目の当たりにしたのは、十歳のHさんにとって初めてのことだった。頭ではなんとなく理解している。お祖母ちゃんは死んでしまった、もう動かないし話さない、触るととても冷たかった。

頭では理解していても、受け入れられない、どこかに実は本物のお祖母ちゃんがいるのじゃないか、そんな気持ちだったという。

両親と共に、お祖母ちゃんが運び込まれたという病院へ着いた頃には、既にお祖母ちゃんは息を引き取っていた。

その時は、お祖母ちゃんが死んだというショックよりも、咽《むせ》び泣く両親の姿を見て「とんでもないことが起こった」と実感したという。

そして徐々に「お祖母ちゃんが死んだ」ということを実感しだしてからは、Hさんはずっと泣き続けていた。

お通夜という儀式が明日にあるらしい。Hさんには今一つわからない状況だったが、葬儀会館に祖母の遺体は移されて、Hさんも両親とそこに来ていた。

十五畳ほどの部屋に、お祖母ちゃんが横たわる棺が置かれている。父親は一人っ子だったので、棺の横には、寝ずの番として父が仮眠を取る予定の布団が敷かれてあった。

しかし、気がつくと泣き疲れたHさんがそこに寝かされていた。

「Hちゃん、帰るよ？」

気がつくと自分を覗き込むように母が語りかけてきた。いつもの母の表情がそこにはあり、少し安心した。だがHさんは駄々をこねた。

「ここで寝たい」

Hさんは、同じ部屋で眠っているお祖母ちゃんの側にいたいと母に懇願した。困った母をなだめるように「いいじゃないか、俺も一緒にいるから大丈夫だよ」と父が言ってくれた。

そういえば父と一緒に布団に入るのも久しぶりな気がする。

母が帰った後、父といろいろな話をした。Hさんの知らないお祖母ちゃんの話も沢山してくれた。

うん、うんと相槌を打つ間に、またいつの間にか眠ってしまったらしい。

ふと、大きなイビキの音で目が覚めた。父のイビキはとても大きい。

うるさいなぁ……と思いつつ父に背を向けると、目の前の奥には小さな明かりに照らされたお祖母ちゃんの棺が見える。

「ほんとに……もういないのかな」

そう思うとまた涙が溢れそうになったが、なんとなく我慢した。その瞬間、妙なことに気がついた。

お祖母ちゃんの棺のそばに、何かがいる。茶色い…赤ん坊くらいの大きさのものがお祖母ちゃんの棺をよじ登って中に入ろうとしている。

「やめて！　入らないで！」

そう叫ぼうとしたのだが、体が動かないしまったく声が出せなかった。すぐ後ろにいる父に助けを求めようとしたのだが、それも叶わなかった。

誰か……誰か……

思いつつ、いつの間にか気を失っていた。

ということがあったのだが、その日、家族でその話をしていた。

Hさんは十七歳の女子高生になっていた。

「きっと葬儀屋さんだったから幽霊が出たんじゃない？」とか「きっと悪い夢を見たんだろ」など色んな意見がありつつも、不思議なことがあるもんだなぁと家族で話をしていた。

なぜこの話題が上がったかというと、父方の祖父が亡くなったのだ。

父の両親である祖母と祖父は、父が幼い頃に離婚しており、祖母が亡くなった時も祖父は顔を出さなかったほどだった。

なので、父を含めた家族は祖父のことをほとんど知らなかった。

身寄りがなかった祖父の葬式は父が喪主となり、数日前に終わり、家族もいつも通りの生活を過ごしていた。

そこに一本の電話が父に入る。祖父方の遠い親戚からの電話だったそうだ。

聞くと、祖父ととても親しかった方のようで、ぜひ仏壇に手を合わせたいという。

一週間ほど経った平日の夕方、祖父の親戚だと名乗る老人の男性が家にやってきた。

Hさんは学校から帰ったところで、軽く挨拶をすると二階の自室に入って宿題に手をつけていた。

二時間ほどだろうか、下の階で母の挨拶する声が聞こえた。

あの人、帰ったんだなと思い、下の階に降りた。すると、父と母が何やら話し込んでいる。

「どうしたの？」

親戚の男性は、昔の祖父と祖母のことをよく知っている人だった。

祖母について、父が知らないことを伝えに来てくれたのだという。

その昔、祖母は父を産む前にもう一人、子供を授かっていたそうだ。要するに、父にはお姉さんがいたのだ。終戦を迎えるあたりの頃のことである。某国から引き揚げる最中に亡くした娘を、その土地に埋葬して日本に戻ってきたのだそうだ。

「知らなかった……」と、特に父は考え込んでいた。

祖母もまた過去のことは話さない人だった。何があったのか詳細まではわからない。それが夫婦別れの原因であったかもしれないが、それこそ墓場まで持っていったのであろう。

「もしかしたら……会いに来てたのかもね」

ふと、母が言った。

なんのことかと一瞬考えたが、すぐに理解した。

Hさんが体験した、祖母の亡くなった夜のことである。

「もしかして……お姉さんだったのかもね」

今となっては確認しようもない、でもなんとなくそうであって欲しいとHさんは思ったそうである。

返せ

火葬場で働いていて怖いのは、幽霊よりもむしろ遺族同士のトラブルかもしれない。それが金銭なのか怨恨なのか理由はわからないが、時に大きな騒ぎに発展することがある。その中でも騒ぎになった上で、なおかつ不可解な出来事があったのでご紹介する。

その日は十数名ほどのご遺族の参列者のお骨上げだった。

お骨上げを担当しながら火葬場職員は、実はご遺族の動向をうかがっているものである。それは遺族間の対立などを察知し、刺激しないよう速やかに動くためでもある。

このご遺族方は、どうやら二つのグループに分かれているようである。

一つは喪主である中年男性が率いるグループで、七、八人程度の比較的若い世代の方が多い。

もう一つは同じく七、八人のお婆さんたちが率いるグループだった。

なぜこのご遺族が二つに分かれているとわかったかというと、それぞれのグループの方々の立ち振舞いである。

喪主のグループは淡々としていて、お骨上げを早く終わらせたいという雰囲気がある。対してお婆さんたちのグループは亡くなった故人に対して、大変に悲しみをあらわにしていた。

そんな二つのグループの空気感を読み取りながら、お骨上げも終盤に入った。

喪主である中年男性に骨壷を抱いていただくようお願いすると、お婆さんのグループがそれに反発をしてきた。

だが、中年の男性が喪主である以上、ひとまずその方に骨壷をお渡しするしかない。

すると一人のお婆さんが中年男性に対し、強く詰め寄った。

「あんた、その骨を返しなさい」

その言葉を皮切りに、二つのグループの小競り合いが始まってしまった。

するとお婆さんが男性が抱いている骨壷に手をかけると、

「返せ！　あんたには渡さない！」

叫びながら奪おうとする。それにすかさず男性が反応し、

「これはうちで預かる！　おまえは関係ない！」

と抵抗、骨壷を巡ってその喪主とお婆さんの骨の奪い合いが始まった。

なんとかして骨壷を奪おうとするお婆さん、それを阻止する男性喪主。押し問答となりやがてお婆さんが男性に突き飛ばされ、床に叩きつけられた。

これはまずい、とお婆さんに駆け寄ろうとしたところ、意外にもすぐに立ち上がり、また「返せ！」と叫びながら男性に詰め寄った。

「そんな馬鹿な」と、その場に居合わせたものは皆思ったであろう。

なぜならそのお婆さんの片腕はポッキリ折れていたのだ。それなのに両手を前に差し出して詰め寄っているので、片腕は途中でぶらーんと垂れ下がっている。

骨折という激しい痛みもものともせずに、お婆さんは一心不乱に骨壷を男性から奪い返そうとしているのであった。

その時、お婆さんのグループの中の一人の女性が、

「ミチコさん、もういいよ、もうやめて」

お婆さんをなだめるようにして止めに入った。

それを聞いて僕は頭が混乱した。

何故ならその「ミチコ」という名前は、今、目の前にある、骨になってしまった故人の名前なのだから。

もしかすると、たまたま故人と名前が一緒だったのかもしれない。

だがこう考えることもできる。

もしかすると故人のミチコさんは喪主と仲が悪く、お婆さんに取り憑いて喪主から自分の骨を奪い返そうとしたのかもしれない。

そして止めに入った女性は、そのことに気づいていたのではないのかと。

単なる憶測に過ぎないが、とても考えさせられる出来事であった。

骨を食べる人々

みなさん、人骨って食べたことありますか？　日本国内では一部の地域で「骨噛み」と呼ばれる遺骨を噛む（食べる）風習があるそうですが――。

風習とは関係なく、お骨上げの時にたまにあるのですが、遺族の方がこっそり、骨をパクッと食べることがあります。おそらく風習ではなく個人の考えで行なっているのだと思いますが、経験上、そういう感じで骨を食べる人の割合は、男性が多い気がします。

火葬場職員としては黙って見守ってはいるのですが、こちらとして不安なのは、焼いた後の骨はまだ熱を持っている場合もあり、素手で遺骨を触ったりすると火傷の恐れがあることです。さらに、あんまり手早く拾い上げて粉塵が舞ったりするのもあまりよろしくないように思います。

なぜかと言うと、火葬場職員は遺族が帰られた後、台を掃除するのですが、その際に骨の粉塵が大量に舞うことになります。実はその粉塵、顕微鏡などで見るととても鋭利で尖っています。それが目や喉に入ると粘膜等を傷つける恐れがあるので、職員は掃除の際には必ず防じんマスクと防じんメガネを着用するほどです。

周りにバレないようにとサッと遺骨を取ったり、急いで割ったりするなどの行為は、粉塵が舞うので職員としては気になるのです。ですが、遺された方々の気持ちを考えると——そこまで敢えて口出しはしないようにしています。

ある時、若い女性がお骨上げの最中にパクッと何かを口にするのを見ました。「あ！」と思いつつ気づかぬふりをしてお骨上げを続けていたのですが、周りの人目を気にしながらパクッとまた食べる。何度も口に入れるのですが、どうもそれが骨じゃない。

確かに、台の上から取っているが、明らかに骨ではなく何かの金属だったりガラス質のモノだったり。さすがに声をかけようかと思ったら、母親らしき女性が「やめなさい！」と一喝してくれました。

その後、火葬場の出口辺りで叫び声が聞こえました。「なんだろう？」と同僚と向かったところ、先程の若い女性が叫んでいる。

「もう嫌ぁ！　死ぬ！」それを取り押さえて落ち着かせようとしている男性たち、泣いている母親——その時に思ったんです。

「ああ、この人は死にたくて、あえて骨じゃない物を食べていたのかな」と。

悲しみというのはこんな風に人を追い詰めるのだなぁと、より深く認識できた出来事でした。

引き取り待ち

火葬場には、遺族からの引き取りを待っている遺骨がたくさん保管されているところもあると前述した。

実際自分の働いていた火葬場には、おおよそ三百人分くらいの遺骨が小さな手のひらサイズの骨壺に納められて安置室に保管されていた。

この斎場保管である程度の期間保管し、期限を過ぎると最終的には合同埋葬地へ送られるという流れになっていた。

なぜ引き取り手のいない遺骨を一定期間保管しているかというと、例えばその間に「この人、私のお父さんでした」など、亡くなって遺骨になってから初めて知ることになった遺族もいるからである。

他にも様々なケースがあるが、そういったことがあるので一定期間保管しているのである。

そしてそんな斎場保管の件で印象的だったことがある。

大体一ヶ月から二ヶ月に一度くらい、定期的に安置室にお参りをしたいという六十後半か七十代の男性がいた。

働いていた火葬場では安置室へのお参りをお断りしていなかったのでそういった場合は安置室の前に、例えば仏式であれば焼香台を設置し、そこでお参りをしていただくということになっていた。

定期的にその男性は来られるので徐々にお話を聞くようになった。

「この中にたっちゃんがいるんだけど、自分は他人だから遺骨を引き取れない」

と、この男性はよく話していた。

そうなのだ。どれだけ亡くなった方と親友だったとしても、遺族ではないのでこの男性は遺骨を引き取ることができない。

だからこそ、この火葬場に定期的にお参りをしにきていたのだ。

そんなことが長い間続いた。

「自分は他人だから骨は持って帰れないけれど、たっちゃんは家族が誰一人としていないと言っていたので寂しいんじゃないかと思ってね。でも私もそっちに行くよって言っておきましたよ」

ある日、こう微笑みながら語りかけてきた。

そんな男性の真摯にお参りを続ける姿勢に感銘を受けると同時に、亡くなってからもたとえ引き取り手がいなくても、ここまで大切にされる故人の人柄が羨ましくも思った。

そして僕が火葬場職員を退職してからしばらくして、元職場の同僚から連絡が来た。

「あの人が来たよ」

その男性のことだとわかり、「最近は来てなかったんですか」と返した。すると、

「いやいや、遺体で来たんだよ」

なんと数奇な巡り合わせであろうか。

あの男性は僕の元職場である火葬場に、遺体としてやって来たのである。

しかもその方も斎場保管だという。
その男性は今「たっちゃん」と共に、引き取り待ちの安置室で眠っている。

友引人形

友引の日に葬儀や火葬を避けるという風習がある。

日本国民の間ではかなり浸透している部類の風習である。だが、友引の日になぜ葬儀や火葬を避けるのかという理由はご存知だろうか。

よく言われるのは友を引くという文字の通り友引の日に葬儀や火葬をすると亡くなった故人が友を連れて行く、というイメージではないだろうか。

そして実際にこの風習の力は大変大きく、日本国内でも友引の日は閉館している火葬場というのはそれなりにある。

だが、実は友引というのは宗教的にはあまり関係がないことがほとんどである。

そもそも友引、大安、仏滅というものは中国の六曜という文化から来ており、例えば日本の葬儀の大半を占める仏教としては、友引は教義に特には関係ない。

文字通り「友を引く」という語呂に対する、なんとなくの不安や怖さから日本国民の意識の中で避けられているだけのものである。

友引の字も実は「共引」といって、これは引き分けという意味合いのものであった。それが転じて「友」という字になり縁起が悪そうというイメージである意味民間信仰として根付いているものである。


僕が働いていた火葬場では、友引も通常通り火葬場は稼働していた。

その際に時たま「友引人形」というものが、ご遺体と一緒に棺に納められていることがある。

この人形の意味するところは、要するに「友を引く」日なので、友の代わりに身代わりとしてこの人形を連れて行ってくださいという意味である。

つまりこれは身代わり人形なのだ。

そしてこの友引人形、紙や布製のものなら火葬すると焼失するのだが、なかには立派な日本人形のような友引人形もあった。その場合は焼失せずにしっかり残る。

しかも関節部分は可動式になっていたりする人形は、その関節の素材はプラスチックだったりする。すると、火葬して残った友引人形は髪の毛はすべて燃えてなくなり、可動部分のプラスチックは溶けて手と足と顔がすべてバラバラの状態になる。しかも全身がまだら模様のように変色していたりして、これはなかなかに恐怖を煽《あお》るものとなるのだ。

実際、お骨上げの時に遺族がそんな焼け爛れてバラバラになった友引人形を見て「うわ……」と若干引いてしまうことも多々あった。

そしてこんなことがあった。

遺族とともにお骨上げを始める前に、まず職員一人が遺骨を先に確認する作業がある。これを「整骨」という。

ある友引の日に、先輩職員がお骨上げ前の整骨をしに行った。

「わあ！」

先輩の大きな悲鳴が聞こえた。

どうした！　と思いすぐに駆け付けると、先輩が指をさしている。

「びっくりした！」

そこには、焼け爛れてバラバラになった友引人形の残骸。

そしてどういう理由でそうなったのかはわからないが、頭がちょこんと離れた場所に正面を向いて置かれてある。

遺骨を確認をすると、ちょうど職員とバッチリ目が合う位置にあったのだ。

まるで誰かを脅かすためにわざとそこに置いたかのように。

先輩はそれに驚いて、つい悲鳴を出してしまったということであった。

もちろん整骨の際に、そんな悪趣味なことをわざわざする職員は皆無であり可能性としては火の勢いで転がり、たまたまそうなったということであろうと思う。

しかし、身代わりとして焼かれる、哀しい運命《さだめ》の友引人形に、何らかの意思を感じてしまうような気がする。

確かに恐ろしかっただろうなあと、悲鳴を上げた先輩と人形の頭を見ながら共感したものである。

火葬場職員体験談8

生前の姿のままで保存!

エンバーミングという言葉を聞いたことはありますか?

これは比較的新しい遺体の保存方法です。火葬は、当然最後は骨になりますが、エンバーミングはなるべく生きていた頃の姿のままで保存する近代的な方法です。

遺体の血液を抜き取り、代わりに薬剤を注入し腐敗を食い止めます。マリリン・モンローやケネディ元大統領の遺体にもこのエンバーミング処理が施されています。

亡くなった方をそのままの姿で保存したい……という気持ちはよくわかりますが、保存の事を考えるとなかなか難しいというのが現状です。ですので、有名な方や何かを象徴する方によくエンバーミング処理が施されることが多いようです。

では、そもそも何故エンバーミングが生まれたのか? これは非常に悲しく、しかし人類の科学の賜物によってなされた技術なのです。

エンバーミングは、アメリカ近代史の南北戦争で始まったと言われています。

遠い地で戦死してしまった方を、なるべく腐敗を食い止めて遺族の元へ送り届ける為に発明されました。そしてその後の朝鮮戦争やベトナム戦争でも多くの遺体に施され本国へ移送されたという史実があることでエンバーミングが大変評価されたそうです。

ところで、日本では九十九パーセント以上、ほとんどすべての遺体が火葬されることになっていますがエンバーミングをしてくれる業者はたくさんあります。

え？　火葬するのにエンバーミングするの？　なんで？　と思われたかもしれません。しかしこれにも理由があります。

亡くなってから火葬するまで、遺族の都合や火葬場の状況などいろいろ加味して、数日から長いと一週間近く期間が開く場合があります。そんな時、なるべく遺体の腐敗を食い止めたい、ということでエンバーミングが脚光を浴びています。

従来であればドライアイスなどを遺体にあて腐敗を防ぎ、死化粧をして見た目を整えるのですが、エンバーミングはさらにその上を行く技術になります。

エンバーミング処理をされた遺体を二度だけ拝顔したことがありますが、確かに綺麗でしたね……。

防犯カメラ

ある日、上司と二人で残業——というか、自主的に夜の火葬場で掃除やら片付けやらをしていた時の話。

「普段出来ない所をやろう」

という名目の元、火葬場に二人で夜遅くまで残っていたのだが、正直なところ実質半分はこの仕事に対する意識や取り組み方などをお互いに語り合うため……という側面もあったのだろうと今となっては思う。

そろそろ二十二時を過ぎそうだなというところで「丁度キリもいいしこの辺りでやめておくか」ということで、全身灰まみれになった作業着のツナギを洗濯機に二人分突っ込んだ。

社員用の浴場でさっぱり汗と汚れを流して、帰り支度を済ませた状態で、休憩室の机を挟んで二人で向かい合うように椅子に座った。

その時点で時計を見ると二十三時を過ぎていた。が、すぐに帰宅しようという感じにもならず、さらにそこから「もっとこうすればよいのでは。このやり方で本当に良いのだろうか」など深い話にも花が咲き、気がつけば時計は完全に零時を過ぎていた。

次の日も朝から出勤なのでさすがにそろそろ帰らないと……と思ってはいたものの、まだまだ盛り上がっている上司の話を聞きながら、なんとなく休憩室のテレビのモニターをぼんやり見た。

このテレビのモニターには昼は鮮明なカラーで、そして深夜はモノクロで映し出される監視カメラの映像が映っている。画面は自動で「煙突」「駐車場」「火葬場入口」「炉前ホール」の四箇所を十秒間隔でパッパと切り替えて録画する優れものであった。

煙突、駐車場、火葬場入口、炉前ホール……と、何周目かはわからないが「炉前ホール」の映像になった時に、何やら黒いものがモニターの右下の方に映っているのが見えた。

黒い……？　なんだ？　故障か……？

気になってそのまま見つめていると、それはまるで防犯カメラのレンズを間近で覗き込んでいるような、人の顔の影のように見えた。

そんなはずはない。なぜなら、炉前ホールのカメラは天井付近の高さに設置されているのだから。

もし、カメラのレンズを直接覗き込んでいるとすれば……それは天井まで這い上がっているということになるではないか。

そんなことを考えているとその黒い影が気になってしまい、いつの間にか上司の話が完全に耳に入らなくなっていた。

ふと、黒い影が動き出した。画面の右下にスゥッと消えていったのである。

――ただ、それだけである。それだけなのだが、それは、まさに人のような動きだったのだ。

僕はモニターを見たまま強張ってしまった。しばらく経って映像が切り替わった。

どうにも気になってしまい、そのまま見続けて、再び「炉前ホール」の映像に切り替わるまさに直前、

「おい」

上司が声を出した。

「そろそろ帰るか」

急にトーンダウンした上司の言葉を聞きながら、ああ、話を聞いていなかったことに気づかれたかな、申し訳ないな、けれど、あれは一体なんだったんだろう……と僕はぼんやりと考えていた。

「なあ……見たか？」

上司にそう問われたのは、火葬場から出た後であった。

上司もあれを見ていたのだ。この話は、それから僕が退職するまで結局話をすることはなかった。

なんとなく二人とも、馬鹿馬鹿しいと思う気持ちと、こんなことを言うのは恥ずかしいという気持ちもあったのだろう。

だが、その日から夜遅くまで残って作業をすることは一切なくなった。

今思えば、心霊的なことだとは断定はできない。もしかしたらカメラのレンズに虫がついていたのかもしれないし、カメラそのものの故障だったかもしれない。

だが、モニターに映っていた、人の顔のような真っ黒な影。そしてその影がスッとカメラから消えた時のあまりにも……人間らしさのある動き。

それをあの時、二人で見ていたことは紛れもない事実である。

最期の伝言

これは葬儀屋として働いていた時の話である。

とある中年の男性が自殺をされたということで依頼があり、葬儀のために遺体を引き取りに警察署に向かった。

警察署には亡くなられた男性の両親がおられ「この度はよろしくお願いします」と深々と頭を下げられた。あまりの丁寧さにこちらも「こちらこそよろしくお願いします」と深々と頭を下げた。

両親が話す事情を聞くと、亡くなった男性は数年前に離婚をした後、関西の賃貸マンションで一人暮らしをしていたそうだ。

もともとそういう資質があったかもしれないが、一人暮らしで引きこもりとなり、自宅で首を吊って亡くなったという。

葬儀の段取りについて簡単な説明を済ませると「それでは息子さんを葬儀会館へお運びいたします」と伝えた。すると、母親の方から「実は相談がありまして――」と言われた。

男性の住んでいた部屋には、亡くなった当時、家財道具などほとんど何もなかったという。あるのは、ものすごく高価そうな自作のデスクトップパソコンだけ。

両親は沖縄から遠路遥々やってきており、その処分に困っているという。

警察で捨ててもらうこともできないとのことで、なんとかそのパソコンの処分をお願いできないかということだった。

だがこちらは葬儀屋である。

遺品整理はおこなっていなかったし、そもそもパソコン一台のために遺品整理の業者を呼ぶというのは、費用的にも遺族に負担がかかるのでお勧めできなかった。

そのように説明して、どうしたものかと思っていると、両親は「良いものだと思うので、使っていただけるのならぜひ使ってください」と、パソコンを個人的に僕に譲りたいと申し出てきたのである。

実はちょうどその頃、自宅のパソコンの調子が悪く、買い換えなければいけないと思っていた。

「本当によろしいのですか?」と、両親に再三確認すると「ぜひお願いします。きっと息子も喜びます」とおっしゃる。

結局、そのパソコンを譲ってもらうことにした。

数日後、男性の葬儀も終わり、残されたパソコンを僕は自宅へと持ち帰った。

早速、起動してみて、立ち上がったデスクトップを見てその異様さにギョッとした。

なんとデスクトップ上に何もないのだ。

何もないというのは語弊であった、
一つだけデスクトップ上に出ているファイルがあった。

「メモ帳機能」であるそれを、なんだろうと思って開いてみた。

「○子、すまなかった」

「○○み、お母さんのいうことを聞くんだよ」

二行だけ書かれた文字がある。

「……遺書だ」

それに気づいて、すぐに警察とご両親に連絡を取った。男性の両親はこのことを言っていなかったということは、気が付いていないのかもしれないと思ったのだ。はたして、警察は遺書のことを把握していたというが、なんと男性の両親には伝わっていなかった。

パソコンのことはまったくわからないという二人のために、その文章をＡ４の紙に印刷をすると、封筒に入れて訊いた住所のもとへと送った。

これで一件落着。この遺書の文面を残していても仕方がないと思い、ファイルを右クリックで削除しようとした。

あれ？　何度クリックして削除しようとしてもできない。

パソコンの調子が悪いのか？

何度やってもフォルダを消すことはできず、デスクトップ上に残っている。移動すらできない。

このパソコンの持ち主が死ぬ前に残した文章なだけに、さすがに少し怖くなり電源を落とした。


それから数日後、気を取り直してパソコンの電源を入れると、改めてファイルの削除を試みた。今度はすんなりと削除することができた。

「やっぱり調子が悪かったのかな」

内容が内容だけにちょっと気味が悪かったが、心霊現象なんてそうそう起こるもんじゃない——言い聞かせていたそのすぐ後、携帯電話が鳴った。

誰だろうと思い出てみると、亡くなった男性のお母さまからであった。

「無事に届きました。何から何までありがとうございました」

出力した遺書を入れた封書が沖縄の自宅に届いたという、丁寧なお礼の電話であった。

あの二行の文字だけでも、息子の最期の思いを知ることができて救われたと。

ご両親の所作に感激しつつ、ある考えが頭に浮かんだ。

故人の最期の言葉が、無事にご両親に届いたからなのか。

「ああ……だから、ファイルが削除できたのか」


こういうことがあるのである。

故人が未練としてこの世に遺した想いを聞いてあげられたのだとしたら、そしてそれを必要としていた人に伝えてあげられたのなら、何よりだったと思わずにはいられない。

あとがき

自分自身の経験談から人に聞いた怪談話まで、沢山の話をこの本に詰め込んだ。

こうしてまとめてみると、本当に様々な怪異があるものだと感心する。

だが、やはり共通しているのはどうやら「何かを伝えようとしている」という点である。

我々は生きている。生きている以上は現実の世界でより良く、そして、なるべくなら平穏に生きていきたいものである。

そのためには「死者の声」にも耳を傾けなければならないのかもしれない。

ある人は「ご先祖様を大切に」という。

またある人は「父と母が自分を守ってくれる」という。

もし死者の声に耳を傾ける必要が無いのであれば、ご先祖様など気にせずとも良いし、墓参りにも行く必要がない。

だが我々はどうも気になるようで、機会があればお墓に赴き、手を合わせる。そしてその時には心の中で「やすらかに」と祈るものである。

便利になり多くの謎も究明されたり証明されたりしているけれど、まだまだ科学では説明のできないことがあり、僕たちは本能的にそれを感じているようである。

確かな根拠はないのだが、僕は本能的に感じるこの感情を大切にしたいと思う。「生」のために「死」に目を向けないのではなく、「死」と向き合うことでより良い「生」を掴み取る……。

もしかすると死者たちは、僕たちにより良い生き方を指南してくれているのかもしれない。そう考えると、そろそろお墓参りに行こうかな、という気になってくる。

そういった死者の声を聞けるという期待を込めて、これからも怪異を追い続けていきたいと思います。

二〇二〇年　十二月　下駄華緒

怪談忌中録 煙仏

2021年1月4日　初版第1刷発行

著者　下駄華緒
編集　中西如(Studio DARA)
発行人　後藤明信
発行所　株式会社 竹書房
〒102-0072 東京都千代田区飯田橋2-7-3
電話03(3264)1576(代表)
電話03(3234)6208(編集)
http://www.takeshobo.co.jp
印刷所　中央精版印刷株式会社

定価はカバーに表示しています。
落丁·乱丁本の場合は竹書房までお問い合わせください。

ISBN978-4-8019-2500-7　C0193